T&P BOOKS

HONGAARS
WOORDENSCHAT

THEMATISCHE WOORDENLIJST

NEDERLANDS
HONGAARS

De meest bruikbare woorden
Om uw woordenschat uit te breiden en
uw taalvaardigheid aan te scherpen

3000 woorden

Thematische woordenschat Nederlands-Hongaars - 3000 woorden
Door Andrey Taranov

Woordenlijsten van T&P Books zijn bedoeld om u woorden van een vreemde taal te helpen leren, onthouden, en bestudering. Dit woordenboek is ingedeeld in thema's en behandelt alle belangrijk terreinen van het dagelijkse leven, bedrijven, wetenschap, cultuur, etc.

Het proces van het leren van woorden met behulp van de op thema's gebaseerde aanpak van T&P Books biedt u de volgende voordelen:

- Correct gegroepeerde informatie is bepalend voor succes bij opeenvolgende stadia van het leren van woorden
- De beschikbaarheid van woorden die van dezelfde stam zijn maakt het mogelijk om woordgroepen te onthouden (in plaats van losse woorden)
- Kleine groepen van woorden faciliteren het proces van het aanmaken van associatieve verbindingen, die nodig zijn bij het consolideren van de woordenschat
- Het niveau van talenkennis kan worden ingeschat door het aantal geleerde woorden

T&P Books Publishing
www.tpbooks.com

ISBN: 978-1-78492-374-7

Dit boek is ook beschikbaar in e-boek formaat.
Gelieve www.tpbooks.com te bezoeken of de belangrijkste online boekwinkels.

HONGAARSE WOORDENSCHAT
nieuwe woorden leren

T&P Books woordenlijsten zijn bedoeld om u te helpen vreemde woorden te leren, te onthouden, en te bestuderen. De woordenschat bevat meer dan 3000 veel gebruikte woorden die thematisch geordend zijn.

- De woordenlijst bevat de meest gebruikte woorden
- Aanbevolen als aanvulling bij welke taalcursus dan ook
- Voldoet aan de behoeften van de beginnende en gevorderde student in vreemde talen
- Geschikt voor dagelijks gebruik, bestudering en zelftestactiviteiten
- Maakt het mogelijk om uw woordenschat te evalueren

Bijzondere kenmerken van de woordenschat

- De woorden zijn gerangschikt naar hun betekenis, niet volgens alfabet
- De woorden worden weergegeven in drie kolommen om bestudering en zelftesten te vergemakkelijken
- Woorden in groepen worden verdeeld in kleine blokken om het leerproces te vergemakkelijken
- De woordenschat biedt een handige en eenvoudige beschrijving van elk buitenlands woord

De woordenschat bevat 101 onderwerpen zoals:

Basisconcepten, getallen, kleuren, maanden, seizoenen, meeteenheden, kleding en accessoires, eten & voeding, restaurant, familieleden, verwanten, karakter, gevoelens, emoties, ziekten, stad, dorp, bezienswaardigheden, winkelen, geld, huis, thuis, kantoor, werken op kantoor, import & export, marketing, werk zoeken, sport, onderwijs, computer, internet, gereedschap, natuur, landen, nationaliteiten en meer ...

INHOUDSOPGAVE

UITSPRAAKGIDS

T&P fonetisch alfabet	Hongaars voorbeeld	Nederlands voorbeeld

Klinkers

[ɒ]	takaró [tɒkɒroː]	Fries - 'hanne'
[a:]	bátor [baːtor]	aan, maart
[ɛ]	öreg [ørɛg]	elf, zwembad
[e:]	csésze [tʃɛːsɛ]	twee, ongeveer
[i]	viccel [vitsɛl]	bidden, tint
[i:]	híd [hiːd]	team, portier
[o]	komoly [komojl]	overeenkomst
[o:]	óvoda [oːvodɒ]	rood, knoop
[ø]	könny [køɲː]	neus, beu
[ø:]	rendőr [rɛndøːr]	lange 'uh' als in deur
[u]	tud [tud]	hoed, doe
[u:]	bútor [buːtor]	fuut, uur
[y]	üveg [yvɛg]	fuut, uur
[y:]	tűzoltó [tyːzoltoː]	jullie

Medeklinkers

[b]	borsó [borʃoː]	hebben
[c]	kutya [kucɒ]	petje
[ts]	recept [rɛtsɛpt]	niets, plaats
[tʃ]	bocsát [botʃaːt]	Tsjechië, cello
[d]	dal [dɒl]	Dank u, honderd
[dz]	edző [ɛdzøː]	zeldzaam
[dʒ]	dzsem [dʒɛm]	jeans, jungle
[f]	feltétel [fɛlteːtɛl]	feestdag, informeren
[g]	régen [reːgɛn]	goal, tango
[h]	homok [homok]	het, herhalen
[j]	játszik [jaːtsik]	New York, januari
[ɟ]	negyven [nɛɟvɛn]	Djengiz Khan
[k]	katalógus [kɒtɒloːguʃ]	kennen, kleur
[l]	olcsó [oltʃoː]	delen, luchter
[m]	megment [mɛgmɛnt]	morgen, etmaal
[n]	négyzet [neːɟzɛt]	nemen, zonder
[ŋ]	senki [ʃɛŋki]	optelling
[ɲ]	kanyar [kɒɲɒr]	cognac, nieuw
[p]	pizsama [piʒɒmɒ]	parallel, koper
[r]	köröm [kørøm]	roepen, breken

T&P fonetisch alfabet   **Hongaars voorbeeld**   **Nederlands voorbeeld**

[s]	szoknya [sokɲɒ]	spreken, kosten
[ʃ]	siet [ʃiɛt]	shampoo, machine
[t]	táska [taːʃkɒ]	tomaat, taart
[v]	vezető [vɛzɛtøː]	beloven, schrijven
[z]	frizura [frizurɒ]	zeven, zesde
[ʒ]	mazsola [mɒʒolɒ]	journalist, rouge

AFKORTINGEN
gebruikt in de woordenschat

Nederlandse afkortingen

abn	-	als bijvoeglijk naamwoord
bijv.	-	bijvoorbeeld
bn	-	bijvoeglijk naamwoord
bw	-	bijwoord
enk.	-	enkelvoud
enz.	-	enzovoort
form.	-	formele taal
inform.	-	informele taal
mann.	-	mannelijk
mil.	-	militair
mv.	-	meervoud
on.ww.	-	onovergankelijk werkwoord
ontelb.	-	ontelbaar
ov.	-	over
ov.ww.	-	overgankelijk werkwoord
telb.	-	telbaar
vn	-	voornaamwoord
vrouw.	-	vrouwelijk
vw	-	voegwoord
vz	-	voorzetsel
wisk.	-	wiskunde
ww	-	werkwoord

Nederlandse artikelen

de	-	gemeenschappelijk geslacht
de/het	-	gemeenschappelijk geslacht, onzijdig
het	-	onzijdig

BASISBEGRIPPEN

1. Voornaamwoorden

ik	én	[e:n]
jij, je	te	[tɛ]
hij, zij, het	ő	[ø:]
wij, we	mi	[mi]
jullie	ti	[ti]
zij, ze	ők	[ø:k]

2. Begroetingen. Begroetingen

Hallo! Dag!	Szervusz!	[sɛrvus]
Hallo!	Szervusztok!	[sɛrvustok]
Goedemorgen!	Jó reggelt!	[jo: rɛggɛlt]
Goedemiddag!	Jó napot!	[jo: nɔpot]
Goedenavond!	Jó estét!	[jo: ɛʃte:t]
gedag zeggen (groeten)	köszönt	[køsønt]
Hoi!	Szia!	[sin]
groeten (het)	üdvözlet	[ydvøzlɛt]
verwelkomen (ww)	üdvözöl	[ydvøzøl]
Hoe gaat het?	Hogy vagy?	[hoɟ voɟ]
Is er nog nieuws?	Mi újság?	[mi u:jʃa:g]
Dag! Tot ziens!	Viszontlátásra!	[visont la:ta:ʃrɒ]
Tot snel! Tot ziens!	A közeli viszontlátásra!	[ɒ køzɛli visont la:ta:ʃrɒ]
Vaarwel! (inform.)	Isten veled!	[iʃtɛn vɛlɛd]
Vaarwel! (form.)	Isten vele!	[iʃtɛn vɛlɛ]
afscheid nemen (ww)	elbúcsúzik	[ɛlbu:tʃu:zik]
Tot kijk!	Viszlát!	[visla:t]
Dank u!	Köszönöm!	[køsønøm]
Dank u wel!	Köszönöm szépen!	[køsønøm se:pɛn]
Graag gedaan	Kérem.	[ke:rɛm]
Geen dank!	szóra sem érdemes	[so:rɒ ʃɛm e:rdɛmɛʃ]
Geen moeite.	nincs mit	[nintʃ mit]
Excuseer me, ...	Bocsánat!	[botʃa:nɒt]
excuseren (verontschuldigen)	bocsát	[botʃa:t]
zich verontschuldigen	bocsánatot kér	[botʃa:nɒtot ke:r]
Mijn excuses.	bocsánatot kérek	[botʃa:nɒtot ke:rɛk]
Het spijt me!	Elnézést!	[ɛlne:ze:ʃt]
vergeven (ww)	bocsát	[botʃa:t]
alsjeblieft	kérem szépen	[ke:rɛm se:pɛn]

11

Vergeet het niet!	Ne felejtse!	[nɛ fɛlɛjʧɛ]
Natuurlijk!	Persze!	[pɛrsɛ]
Natuurlijk niet!	Persze nem!	[pɛrsɛ nɛm]
Akkoord!	Jól van!	[jo:l vɒn]
Zo is het genoeg!	Elég!	[ɛle:g]

3. Vragen

Wie?	Ki?	[ki]
Wat?	Mi?	[mi]
Waar?	Hol?	[hol]
Waarheen?	Hová?	[hova:]
Waarvandaan?	Honnan?	[honnɒn]
Wanneer?	Mikor?	[mikor]
Waarom?	Minek?	[minɛk]
Waarom?	Miért?	[mie:rt]

Waarvoor dan ook?	Miért?	[mie:rt]
Hoe?	Hogy? Hogyan?	[hoɟ], [hoɟɒn]
Wat voor …?	Milyen?	[mijɛn]
Welk?	Melyik?	[mɛjik]

Aan wie?	Kinek?	[kinɛk]
Over wie?	Kiről?	[kirø:l]
Waarover?	Miről?	[mirø:l]
Met wie?	Kivel?	[kivɛl]
Hoeveel? (telb.)	Hány?	[ha:ɲ]
Van wie? (mann.)	Kié?	[kie:]

4. Voorzetsels

met (bijv. ~ beleg)	val, -vel	[-vɒl, -vɛl]
zonder (~ accent)	nélkül	[ne:lkyl]
naar (in de richting van)	ba, -be	[bɒ, -bɛ]
over (praten ~)	ról, -től	[ro:l, -rø:l]
voor (in tijd)	előtt	[ɛlø:tt]
voor (aan de voorkant)	előtt	[ɛlø:tt]

onder (lager dan)	alatt	[ɒlɒtt]
boven (hoger dan)	fölött	[føløtt]
op (bovenop)	n	[n]
van (uit, afkomstig van)	ból, -ből	[bo:l, -bø:l]
van (gemaakt van)	ból, -ből	[bo:l, -bø:l]
over (bijv. ~ een uur)	múlva	[mu:lvɒ]
over (over de bovenkant)	keresztül	[kɛrɛstyl]

5. Functiewoorden. Bijwoorden. Deel 1

Waar?	Hol?	[hol]
hier (bw)	itt	[itt]

daar (bw)	ott	[ott]
ergens (bw)	valahol	[vɒlɒhol]
nergens (bw)	sehol	[ʃɛhol]

bij ... (in de buurt)	mellett, nál, -nél	[mɛllɛtt], [naːl, -neːl]
bij het raam	az ablaknál	[ɒz ɒblɒknaːl]

Waarheen?	Hová?	[hova:]
hierheen (bw)	ide	[idɛ]
daarheen (bw)	oda	[odɒ]
hiervandaan (bw)	innen	[innɛn]
daarvandaan (bw)	onnan	[onnɒn]

dichtbij (bw)	közel	[køzɛl]
ver (bw)	messze	[mɛssɛ]

in de buurt (van ...)	mellett	[mɛllɛtt]
dichtbij (bw)	a közelben	[ɒ køzɛlbɛn]
niet ver (bw)	nem messze	[nɛm mɛssɛ]

linker (bn)	bal	[bɒl]
links (bw)	balra	[bɒlrɒ]
linksaf, naar links (bw)	balra	[bɒlrɒ]

rechter (bn)	jobb	[jobb]
rechts (bw)	jobbra	[jobbrɒ]
rechtsaf, naar rechts (bw)	jobbra	[jobbrɒ]

vooraan (bw)	elöl	[ɛløl]
voorste (bn)	elülső	[ɛlylʃøː]
vooruit (bw)	előre	[ɛløːrɛ]

achter (bw)	hátul	[haːtul]
van achteren (bw)	hátulról	[haːtulroːl]
achteruit (naar achteren)	hátra	[haːtrɒ]

midden (het)	közép	[køzeːp]
in het midden (bw)	középen	[køzeːpɛn]

opzij (bw)	oldalról	[oldɒlroːl]
overal (bw)	mindenütt	[mindɛnytt]
omheen (bw)	körül	[køryl]

binnenuit (bw)	belülről	[bɛlylrøːl]
naar ergens (bw)	valahova	[vɒlɒhovɒ]
rechtdoor (bw)	egyenesen	[ɛɟɛnɛʃɛn]
terug (bijv. ~ komen)	visszafelé	[vissɒfɛleː]

ergens vandaan (bw)	valahonnan	[vɒlɒhonnɒn]
ergens vandaan	valahonnan	[vɒlɒhonnɒn]
(en dit geld moet ~ komen)		

ten eerste (bw)	először	[ɛløːsør]
ten tweede (bw)	másodszor	[maːʃodsor]
ten derde (bw)	harmadszor	[hɒrmɒdsor]
plotseling (bw)	hirtelen	[hirtɛlɛn]

13

in het begin (bw)	eleinte	[ɛlɛintɛ]
voor de eerste keer (bw)	először	[ɛløːsør]
lang voor … (bw)	jóval … előtt	[joːvɒl … ɛløːtt]
opnieuw (bw)	újra	[uːjrɒ]
voor eeuwig (bw)	mindörökre	[mindørøkrɛ]

nooit (bw)	soha	[ʃohɒ]
weer (bw)	ismét	[iʃmeːt]
nu (bw)	most	[moʃt]
vaak (bw)	gyakran	[ɟɒkrɒn]
toen (bw)	akkor	[ɒkkor]
urgent (bw)	sürgősen	[ʃyrgøːʃɛn]
meestal (bw)	általában	[aːltɒlaːbɒn]

trouwens, … (tussen haakjes)	apropó	[ɒpropoː]
mogelijk (bw)	lehetséges	[lɛhɛtʃeːgɛʃ]
waarschijnlijk (bw)	valószínűleg	[vɒloːsiːnyːlɛg]
misschien (bw)	talán	[tɒlaːn]
trouwens (bw)	azon kívül …	[ɒzon kiːvyl]
daarom …	ezért	[ɛzeːrt]
in weerwil van …	nek ellenére	[nɛk ɛllɛneːrɛ]
dankzij …	… köszenhetően	[køsɛnhɛtøːɛn]

wat (vn)	mi	[mi]
dat (vw)	ami	[ɒmi]
iets (vn)	valami	[vɒlɒmi]
iets	valami	[vɒlɒmi]
niets (vn)	semmi	[ʃɛmmi]

wie (~ is daar?)	ki	[ki]
iemand (een onbekende)	valaki	[vɒlɒki]
iemand (een bepaald persoon)	valaki	[vɒlɒki]

niemand (vn)	senki	[ʃɛŋki]
nergens (bw)	sehol	[ʃɛhol]
niemands (bn)	senkié	[ʃɛŋkieː]
iemands (bn)	valakié	[vɒlɒkieː]

zo (Ik ben ~ blij)	így	[iːɟ]
ook (evenals)	is	[iʃ]
alsook (eveneens)	is	[iʃ]

6. Functiewoorden. Bijwoorden. Deel 2

Waarom?	Miért?	[mieːrt]
om een bepaalde reden	valamiért	[vɒlɒmieːrt]
omdat …	azért, mert …	[ɒzeːrt], [mɛrt]
voor een bepaald doel	valamiért	[vɒlɒmieːrt]
en (vw)	és	[eːʃ]
of (vw)	vagy	[vɒɟ]
maar (vw)	de	[dɛ]
voor (vz)	… céljából	[tseːljaːboːl]

te (~ veel mensen)	túl	[tu:l]
alleen (bw)	csak	[tʃɔk]
precies (bw)	pontosan	[pontoʃɔn]
ongeveer (~ 10 kg)	körülbelül	[kørylbɛlyl]

omstreeks (bw)	körülbelül	[kørylbɛlyl]
bij benadering (bn)	megközelítő	[mɛgkøzɛli:tø:]
bijna (bw)	majdnem	[mɔjdnɛm]
rest (de)	a többi	[ɔ tøbbi]

elk (bn)	minden	[mindɛn]
om het even welk	bármilyen	[ba:rmijɛn]
veel (grote hoeveelheid)	sok	[ʃok]
veel mensen	sokan	[ʃokɔn]
iedereen (alle personen)	mindenki	[mindɛŋki]

in ruil voor ...	ért cserébe	[e:rt tʃɛre:bɛ]
in ruil (bw)	viszonzásul	[visonza:ʃul]
met de hand (bw)	kézzel	[ke:zzɛl]
onwaarschijnlijk (bw)	aligha	[ɔlighɔ]

waarschijnlijk (bw)	valószínűleg	[vɔlo:si:ny:lɛg]
met opzet (bw)	szándékosan	[sa:nde:koʃɔn]
toevallig (bw)	véletlenül	[ve:lɛtlɛnyl]

zeer (bw)	nagyon	[nɔɟøn]
bijvoorbeeld (bw)	például	[pe:lda:ul]
tussen (~ twee steden)	között	[køzøtt]
tussen (te midden van)	körében	[køre:bɛn]
zoveel (hw)	annyi	[ɔnni]
vooral (bw)	különösen	[kylønøʃɛn]

15

GETALLEN. DIVERSEN

7. Kardinale getallen. Deel 1

nul	nulla	[nullɒ]
een	egy	[ɛɟ]
twee	kettő, két	[kɛttø:], [ke:t]
drie	három	[ha:rom]
vier	négy	[ne:ɟ]

vijf	öt	[øt]
zes	hat	[hɒt]
zeven	hét	[he:t]
acht	nyolc	[ɲolts]
negen	kilenc	[kilɛnts]

tien	tíz	[ti:z]
elf	tizenegy	[tizɛnɛɟ]
twaalf	tizenkettő	[tizɛŋkɛttø:]
dertien	tizenhárom	[tizɛnha:rom]
veertien	tizennégy	[tizɛnne:ɟ]

vijftien	tizenöt	[tizɛnøt]
zestien	tizenhat	[tizɛnhɒt]
zeventien	tizenhét	[tizɛnhe:t]
achttien	tizennyolc	[tizɛɲɲølts]
negentien	tizenkilenc	[tizɛŋkilɛnts]

twintig	húsz	[hu:s]
eenentwintig	huszonegy	[husonɛɟ]
tweeëntwintig	huszonkettő	[huson kɛttø:]
drieëntwintig	huszonhárom	[huson ha:rom]

dertig	harminc	[hɒrmints]
eenendertig	harmincegy	[hɒrmintsɛɟ]
tweeëndertig	harminckettő	[hɒrmints kɛttø:]
drieëndertig	harminchárom	[hɒrmintsha:rom]

veertig	negyven	[nɛɟvɛn]
eenenveertig	negyvenegy	[nɛɟvɛnɛɟ]
tweeënveertig	negyvenkettő	[nɛɟvɛn kɛttø:]
drieënveertig	negyvenhárom	[nɛɟvɛn ha:rom]

vijftig	ötven	[øtvɛn]
eenenvijftig	ötvenegy	[øtvɛnɛɟ]
tweeënvijftig	ötvenkettő	[øtvɛn kɛttø:]
drieënvijftig	ötvenhárom	[øtvɛn ha:rom]

zestig	hatvan	[hɒtvɒn]
eenenzestig	hatvanegy	[hɒtvɒnɛɟ]

| tweeënzestig | hatvankettő | [hɒtvɒn kɛttø:] |
| drieënzestig | hatvanhárom | [hɒtvɒn haːrom] |

zeventig	hetven	[hɛtvɛn]
eenenzeventig	hetvenegy	[hɛtvɛnɛɟ]
tweeënzeventig	hetvenkettő	[hɛtvɛn kɛttø:]
drieënzeventig	hetvenhárom	[hɛtvɛn haːrom]

tachtig	nyolcvan	[ɲoltsvɒn]
eenentachtig	nyolcvanegy	[ɲoltsvɒnɛɟ]
tweeëntachtig	nyolcvankettő	[ɲoltsvɒn kɛttø:]
drieëntachtig	nyolcvanhárom	[ɲoltsvɒn haːrom]

negentig	kilencven	[kilɛntsvɛn]
eenennegentig	kilencvenegy	[kilɛntsvɛnɛɟ]
tweeënnegentig	kilencvenkettő	[kilɛntsvɛn kɛttø:]
drieënnegentig	kilencvenhárom	[kilɛntsvɛn haːrom]

8. Kardinale getallen. Deel 2

honderd	száz	[saːz]
tweehonderd	kétszáz	[keːtsaːz]
driehonderd	háromszáz	[haːromsaːz]
vierhonderd	négyszáz	[neːɟsaːz]
vijfhonderd	ötszáz	[øtsaːz]

zeshonderd	hatszáz	[hɒtsaːz]
zevenhonderd	hétszáz	[heːtsaːz]
achthonderd	nyolcszáz	[ɲoltssaːz]
negenhonderd	kilencszáz	[kilɛntssaːz]

duizend	ezer	[ɛzɛr]
tweeduizend	kétezer	[keːtɛzɛr]
drieduizend	háromezer	[haːromɛzɛr]
tienduizend	tízezer	[tiːzɛzɛr]
honderdduizend	százezer	[saːzɛzɛr]
miljoen (het)	millió	[millio:]
miljard (het)	milliárd	[millia:rd]

9. Ordinale getallen

eerste (bn)	első	[ɛlʃø:]
tweede (bn)	második	[maːʃodik]
derde (bn)	harmadik	[hɒrmɒdik]
vierde (bn)	negyedik	[nɛɟɛdik]
vijfde (bn)	ötödik	[øtødik]

zesde (bn)	hatodik	[hɒtodik]
zevende (bn)	hetedik	[hɛtɛdik]
achtste (bn)	nyolcadik	[ɲoltsɒdik]
negende (bn)	kilencedik	[kilɛntsɛdik]
tiende (bn)	tizedik	[tizɛdik]

17

KLEUREN. MEETEENHEDEN

10. Kleuren

kleur (de)	szín	[si:n]
tint (de)	árnyalat	[a:rɲɒlɒt]
kleurnuance (de)	tónus	[to:nuʃ]
regenboog (de)	szivárvány	[siva:rva:ɲ]
wit (bn)	fehér	[fɛheːr]
zwart (bn)	fekete	[fɛkɛtɛ]
grijs (bn)	szürke	[syrkɛ]
groen (bn)	zöld	[zøld]
geel (bn)	sárga	[ʃaːrgɒ]
rood (bn)	piros	[piroʃ]
blauw (bn)	kék	[keːk]
lichtblauw (bn)	világoskék	[vilaːgoʃkeːk]
roze (bn)	rózsaszínű	[roːʒɒsiːnyː]
oranje (bn)	narancssárga	[nɒrɒntʃ ʃaːrgɒ]
violet (bn)	lila	[lilɒ]
bruin (bn)	barna	[bɒrnɒ]
goud (bn)	arany	[ɒrɒɲ]
zilverkleurig (bn)	ezüstös	[ɛzyʃtøʃ]
beige (bn)	bézs	[beːʒ]
roomkleurig (bn)	krémszínű	[kreːmsiːnyː]
turkoois (bn)	türkizkék	[tyrkiskeːk]
kersrood (bn)	meggyszínű	[mɛɟ siːnyː]
lila (bn)	lila	[lilɒ]
karmijnrood (bn)	málnaszínű	[maːlnɒ siːnyː]
licht (bn)	világos	[vilaːgoʃ]
donker (bn)	sötét	[ʃøteːt]
fel (bn)	élénk	[eːleːŋk]
kleur-, kleurig (bn)	színes	[siːnɛʃ]
kleuren- (abn)	színes	[siːnɛʃ]
zwart-wit (bn)	feketefehér	[fɛkɛtɛfɛheːr]
eenkleurig (bn)	egyszínű	[ɛcsiːnyː]
veelkleurig (bn)	sokszínű	[ʃoksiːnyː]

11. Meeteenheden

gewicht (het)	súly	[ʃuːj]
lengte (de)	hosszúság	[hossuʃaːg]

breedte (de)	szélesség	[seːlɛʃeːg]
hoogte (de)	magasság	[mɒgɒʃaːg]
diepte (de)	mélység	[meːjʃeːg]
volume (het)	térfogat	[teːrfogɒt]
oppervlakte (de)	terület	[tɛrylɛt]

gram (het)	gramm	[grɒmm]
milligram (het)	milligramm	[milligrɒmm]
kilogram (het)	kilógramm	[kiloːgrɒmm]
ton (duizend kilo)	tonna	[tonnɒ]
pond (het)	font	[font]
ons (het)	uncia	[untsiɒ]

meter (de)	méter	[meːtɛr]
millimeter (de)	milliméter	[millimeːtɛr]
centimeter (de)	centiméter	[tsɛntimeːtɛr]
kilometer (de)	kilométer	[kilomeːtɛr]
mijl (de)	mérföld	[meːrføld]

duim (de)	hüvelyk	[hyvɛjk]
voet (de)	láb	[laːb]
yard (de)	yard	[jard]

vierkante meter (de)	négyzetméter	[neːjzɛtmeːtɛr]
hectare (de)	hektár	[hɛktaːr]

liter (de)	liter	[litɛr]
graad (de)	fok	[fok]
volt (de)	volt	[volt]
ampère (de)	amper	[ɒmpɛr]
paardenkracht (de)	lóerő	[loːɛrøː]

hoeveelheid (de)	mennyiség	[mɛɲɲiʃeːg]
een beetje ...	egy kicsit ...	[ɛɟ kitʃit]
helft (de)	fél	[feːl]
dozijn (het)	tucat	[tutsɒt]
stuk (het)	darab	[dɒrɒb]

afmeting (de)	méret	[meːrɛt]
schaal (bijv. ~ van 1 op 50)	lépték	[leːpteːk]

minimaal (bn)	minimális	[minimaːliʃ]
minste (bn)	legkisebb	[lɛgkiʃɛbb]
medium (bn)	közép	[køzeːp]
maximaal (bn)	maximális	[mɒksimaːliʃ]
grootste (bn)	legnagyobb	[lɛgnɒɟøbb]

12. Containers

glazen pot (de)	befőttes üveg	[bɛføːtɛs yvɛg]
blik (conserven~)	bádogdoboz	[baːdogdoboz]
emmer (de)	vödör	[vødør]
ton (bijv. regenton)	hordó	[hordoː]
ronde waterbak (de)	tál	[taːl]

tank (bijv. watertank-70-ltr)	tartály	[tɔrtaːj]
heupfles (de)	kulacs	[kulɒtʃ]
jerrycan (de)	kanna	[kɔnnɒ]
tank (bijv. ketelwagen)	ciszterna	[tsistɛrnɒ]
beker (de)	bögre	[bøgrɛ]
kopje (het)	csésze	[tʃeːsɛ]
schoteltje (het)	csészealj	[tʃeːsɛɒj]
glas (het)	pohár	[pohaːr]
wijnglas (het)	borospohár	[boroʃpohaːr]
pan (de)	lábas	[laːbɒʃ]
fles (de)	üveg	[yvɛg]
flessenhals (de)	nyak	[ɲɒk]
karaf (de)	butélia	[buteːliɒ]
kruik (de)	korsó	[korʃoː]
vat (het)	edény	[ɛdeːɲ]
pot (de)	köcsög	[køtʃøg]
vaas (de)	váza	[vaːzɒ]
flacon (de)	kölnisüveg	[kølniʃyvɛg]
flesje (het)	üvegcse	[yvɛgtʃɛ]
tube (bijv. ~ tandpasta)	tubus	[tubuʃ]
zak (bijv. ~ aardappelen)	zsák	[ʒaːk]
tasje (het)	zacskó	[zɒtʃkoː]
pakje (~ sigaretten, enz.)	csomag	[tʃomɒg]
doos (de)	doboz	[doboz]
kist (de)	láda	[laːdɒ]
mand (de)	kosár	[koʃaːr]

BELANGRIJKSTE WERKWOORDEN

13. De belangrijkste werkwoorden. Deel 1

aanbevelen (ww)	ajánl	[ɒja:nl]
aandringen (ww)	ragaszkodik	[rɒgɒskodik]
aankomen (per auto, enz.)	érkezik	[e:rkɛzik]
aanraken (ww)	érint	[e:rint]
adviseren (ww)	tanácsol	[tɒna:ʧol]

afdalen (on.ww.)	lemegy	[lɛmɛɟ]
afslaan (naar rechts ~)	fordul	[fordul]
antwoorden (ww)	válaszol	[va:lɒsol]
bang zijn (ww)	fél	[fe:l]
bedreigen (bijv. met een pistool)	fenyeget	[fɛnɛgɛt]

bedriegen (ww)	csal	[ʧɒl]
beëindigen (ww)	befejez	[bɛfɛjɛz]
beginnen (ww)	kezd	[kɛzd]
begrijpen (ww)	ért	[e:rt]
beheren (managen)	irányít	[ira:ni:t]

beledigen (met scheldwoorden)	megsért	[mɛgʃe:rt]
beloven (ww)	ígér	[i:ge:r]
bereiden (koken)	készít	[ke:si:t]
bespreken (spreken over)	megbeszél	[mɛgbɛse:l]

bestellen (eten ~)	rendel	[rɛndɛl]
bestraffen (een stout kind ~)	büntet	[byntɛt]
betalen (ww)	fizet	[fizɛt]
betekenen (beduiden)	jelent	[jɛlɛnt]
betreuren (ww)	sajnál	[ʃɒjna:l]

bevallen (prettig vinden)	tetszik	[tɛtsik]
bevelen (mil.)	parancsol	[pɒrɒnʧol]
bevrijden (stad, enz.)	felszabadít	[fɛlsɒbɒdi:t]
bewaren (ww)	megőriz	[mɛgø:riz]
bezitten (ww)	rendelkezik	[rɛndɛlkɛzik]

bidden (praten met God)	imádkozik	[ima:dkozik]
binnengaan (een kamer ~)	bemegy	[bɛmɛɟ]
breken (ww)	tör	[tør]
controleren (ww)	ellenőriz	[ɛllɛnø:riz]
creëren (ww)	teremt	[tɛrɛmt]

deelnemen (ww)	részt vesz	[re:st vɛs]
denken (ww)	gondol	[gondol]
doden (ww)	megöl	[mɛgøl]

| doen (ww) | csinál | [tʃinaːl] |
| dorst hebben (ww) | szomjas van | [somjɒʃ vɒn] |

14. De belangrijkste werkwoorden. Deel 2

een hint geven	céloz	[tseːloz]
eisen (met klem vragen)	követel	[køvɛtɛl]
existeren (bestaan)	létezik	[leːtɛzik]
gaan (te voet)	megy	[mɛɟ]

gaan zitten (ww)	leül	[lɛyl]
gaan zwemmen	úszni megy	[uːsni mɛɟ]
geven (ww)	ad	[ɒd]
glimlachen (ww)	mosolyog	[moʃojog]
goed raden (ww)	kitalál	[kitɒlaːl]

| grappen maken (ww) | viccel | [vitsɛl] |
| graven (ww) | ás | [aːʃ] |

hebben (ww)	van	[vɒn]
helpen (ww)	segít	[ʃɛgiːt]
herhalen (opnieuw zeggen)	ismétel	[iʃmeːtɛl]
honger hebben (ww)	éhes van	[eːhɛʃ vɒn]
hopen (ww)	remél	[rɛmeːl]
horen	hall	[hɒll]
(waarnemen met het oor)		
huilen (wenen)	sír	[ʃiːr]
huren (huis, kamer)	bérel	[beːrɛl]
informeren (informatie geven)	tájékoztat	[taːjeːkoztɒt]

instemmen (akkoord gaan)	beleegyezik	[bɛlɛɛɟɛzik]
jagen (ww)	vadászik	[vɒdaːsik]
kennen (kennis hebben	ismer	[iʃmɛr]
van iemand)		
kiezen (ww)	választ	[vaːlɒst]
klagen (ww)	panaszkodik	[pɒnɒskodik]

kosten (ww)	kerül	[kɛryl]
kunnen (ww)	tud	[tud]
lachen (ww)	nevet	[nɛvɛt]
laten vallen (ww)	leejt	[lɛɛjt]
lezen (ww)	olvas	[olvɒʃ]

liefhebben (ww)	szeret	[sɛrɛt]
lunchen (ww)	ebédel	[ɛbeːdɛl]
nemen (ww)	vesz	[vɛs]
nodig zijn (ww)	szükség van	[sykʃeːg vɒn]

15. De belangrijkste werkwoorden. Deel 3

| onderschatten (ww) | aláértékel | [ɒlaːeːrteːkɛl] |
| ondertekenen (ww) | aláír | [ɒlaːiːr] |

ontbijten (ww)	reggelizik	[rɛggɛlizik]
openen (ww)	nyit	[ɲit]
ophouden (ww)	abbahagy	[ɔbbɔhɔɟ]
opmerken (zien)	észrevesz	[e:srɛvɛs]

opscheppen (ww)	dicsekedik	[ditʃɛkɛdik]
opschrijven (ww)	feljegyez	[fɛljɛɟɛz]
plannen (ww)	tervez	[tɛrvɛz]
prefereren (verkiezen)	többre becsül	[tøbbrɛ bɛtʃyl]
proberen (trachten)	próbál	[pro:ba:l]
redden (ww)	megment	[mɛgmɛnt]

rekenen op ...	számít ...re	[sa:mi:t ...rɛ]
rennen (ww)	fut	[fut]
reserveren	rezervál	[rɛzɛrva:l]
(een hotelkamer ~)		
roepen (om hulp)	hív	[hi:v]
schieten (ww)	lő	[lø:]
schreeuwen (ww)	kiabál	[kiɔba:l]

schrijven (ww)	ír	[i:r]
souperen (ww)	vacsorázik	[vɔtʃora:zik]
spelen (kinderen)	játszik	[ja:tsik]
spreken (ww)	beszélget	[bɛse:lgɛt]
stelen (ww)	lop	[lop]
stoppen (pauzeren)	megáll	[mɛga:ll]

studeren (Nederlands ~)	tanul	[tɔnul]
sturen (zenden)	felad	[fɛlɔd]
tellen (optellen)	számol	[sa:mol]
toebehoren aan ...	tartozik	[tortozik]
toestaan (ww)	enged	[ɛŋgɛd]
tonen (ww)	mutat	[mutɔt]

twijfelen (onzeker zijn)	kételkedik	[ke:tɛlkɛdik]
uitgaan (ww)	kimegy	[kimɛɟ]
uitnodigen (ww)	meghív	[mɛghi:v]
uitspreken (ww)	kiejt	[kiɛjt]
uitvaren tegen (ww)	szid	[sid]

16. De belangrijkste werkwoorden. Deel 4

vallen (ww)	esik	[ɛʃik]
vangen (ww)	fog	[fog]
veranderen (anders maken)	változtat	[va:ltoztɔt]
verbaasd zijn (ww)	csodálkozik	[tʃoda:lkozik]
verbergen (ww)	rejt	[rɛjt]

verdedigen (je land ~)	véd	[ve:d]
verenigen (ww)	egyesít	[ɛɟɛʃi:t]
vergelijken (ww)	összehasonlít	[øssɛhɔʃonli:t]
vergeten (ww)	elfelejt	[ɛlfɛlɛjt]
vergeven (ww)	bocsát	[botʃa:t]
verklaren (uitleggen)	magyaráz	[mɔɟɔra:z]

verkopen (per stuk ~)	elad	[ɛlɒd]
vermelden (praten over)	megemlít	[mɛgɛmli:t]
versieren (decoreren)	díszít	[di:si:t]
vertalen (ww)	fordít	[fordi:t]

vertrouwen (ww)	rábíz	[ra:bi:z]
vervolgen (ww)	folytat	[fojtɒt]
verwarren (met elkaar ~)	összetéveszt	[øssɛte:vɛst]
verzoeken (ww)	kér	[ke:r]
verzuimen (school, enz.)	elmulaszt	[ɛlmulɒst]

vinden (ww)	talál	[tɒla:l]
vliegen (ww)	repül	[rɛpyl]
volgen (ww)	követ	[køvɛt]
voorstellen (ww)	javasol	[jɒvɒʃol]
voorzien (verwachten)	előre lát	[ɛlø:rɛ la:t]
vragen (ww)	kérdez	[ke:rdɛz]

waarnemen (ww)	figyel	[fiɟɛl]
waarschuwen (ww)	figyelmeztet	[fiɟɛlmɛztɛt]
wachten (ww)	vár	[va:r]
weerspreken (ww)	ellentmond	[ɛllɛntmond]
weigeren (ww)	lemond	[lɛmond]

werken (ww)	dolgozik	[dolgozik]
weten (ww)	tud	[tud]
willen (verlangen)	akar	[ɒkɒr]
zeggen (ww)	mond	[mond]
zich haasten (ww)	siet	[ʃiɛt]

zich interesseren voor ...	érdeklődik	[e:rdɛklø:dik]
zich vergissen (ww)	hibázik	[hiba:zik]
zich verontschuldigen	bocsánatot kér	[botʃa:nɒtot ke:r]
zien (ww)	lát	[la:t]

zoeken (ww)	keres	[kɛrɛʃ]
zwemmen (ww)	úszik	[u:sik]
zwijgen (ww)	hallgat	[hɒllgɒt]

TIJD. KALENDER

17. Dagen van de week

maandag (de)	hétfő	[he:tfø:]
dinsdag (de)	kedd	[kɛdd]
woensdag (de)	szerda	[sɛrdɒ]
donderdag (de)	csütörtök	[tʃytørtøk]
vrijdag (de)	péntek	[pe:ntɛk]
zaterdag (de)	szombat	[sombɒt]
zondag (de)	vasárnap	[vɒʃaːrnɒp]

vandaag (bw)	ma	[mɒ]
morgen (bw)	holnap	[holnɒp]
overmorgen (bw)	holnapután	[holnɒputaːn]
gisteren (bw)	tegnap	[tɛgnɒp]
eergisteren (bw)	tegnapelőtt	[tɛgnɒpɛløːtt]

dag (de)	nap	[nɒp]
werkdag (de)	munkanap	[muŋkɒnɒp]
feestdag (de)	ünnepnap	[ynnɛpnɒp]
verlofdag (de)	szabadnap	[sɒbɒdnɒp]
weekend (het)	hétvég	[he:tve:g]

de hele dag (bw)	egész nap	[ɛge:s nɒp]
de volgende dag (bw)	másnap	[ma:ʃnɒp]
twee dagen geleden	két nappal ezelőtt	[ke:t nɒppɒl ɛzɛløːtt]
aan de vooravond (bw)	az előző nap	[ɒz ɛløːzø: nɒp]
dag-, dagelijks (bn)	napi	[nɒpi]
elke dag (bw)	naponta	[nɒpontɒ]

week (de)	hét	[he:t]
vorige week (bw)	a múlt héten	[ɒ mu:lt he:tɛn]
volgende week (bw)	a következő héten	[ɒ køvɛtkɛzø: he:tɛn]
wekelijks (bn)	heti	[hɛti]
elke week (bw)	hetente	[hɛtɛntɛ]
twee keer per week	kétszer hetente	[ke:tsɛr hɛtɛntɛ]
elke dinsdag	minden kedd	[mindɛn kɛdd]

18. Uren. Dag en nacht

morgen (de)	reggel	[rɛggɛl]
's morgens (bw)	reggel	[rɛggɛl]
middag (de)	délidő	[de:lidø:]
's middags (bw)	délután	[de:luta:n]

avond (de)	este	[ɛʃtɛ]
's avonds (hw)	este	[ɛʃtɛ]

nacht (de)	éjszak	[e:jsɒk]
's nachts (bw)	éjjel	[e:jjɛl]
middernacht (de)	éjfél	[e:jfe:l]

seconde (de)	másodperc	[ma:ʃodpɛrts]
minuut (de)	perc	[pɛrts]
uur (het)	óra	[o:rɒ]
halfuur (het)	félóra	[fe:lo:rɒ]
kwartier (het)	negyedóra	[nɛɟɛdo:rɒ]
vijftien minuten	tizenöt perc	[tizɛnøt pɛrts]
etmaal (het)	teljes nap	[tɛjɛʃ nɒp]

zonsopgang (de)	napkelte	[nɒpkɛltɛ]
dageraad (de)	virradat	[virrɒdɒt]
vroege morgen (de)	kora reggel	[korɒ rɛggɛl]
zonsondergang (de)	naplemente	[nɒplɛmɛntɛ]

's morgens vroeg (bw)	kora reggel	[korɒ rɛggɛl]
vanmorgen (bw)	ma reggel	[mɒ rɛggɛl]
morgenochtend (bw)	holnap reggel	[holnɒp rɛggɛl]

vanmiddag (bw)	ma nappal	[mɒ nɒppɒl]
's middags (bw)	délután	[de:luta:n]
morgenmiddag (bw)	holnap délután	[holnɒp de:luta:n]

vanavond (bw)	ma este	[mɒ ɛʃtɛ]
morgenavond (bw)	holnap este	[holnɒp ɛʃtɛ]

klokslag drie uur	pont három órakor	[pont ha:rom o:rɒkor]
ongeveer vier uur	körülbelül négy órakor	[kørylbɛlyl ne:ɟ o:rɒkor]
tegen twaalf uur	tizenkét órára	[tizɛŋke:t o:ra:rɒ]

over twintig minuten	húsz perc múlva	[hu:s pɛrts mu:lvɒ]
over een uur	egy óra múlva	[ɛɟ o:rɒ mu:lvɒ]
op tijd (bw)	időben	[idø:bɛn]

kwart voor …	háromnegyed	[ha:romnɛɟɛd]
binnen een uur	egy óra folyamán	[ɛɟ: o:rɒ fojɒma:n]
elk kwartier	minden tizenöt perc	[mindɛn tizɛnøt pɛrts]
de klok rond	éjjel nappal	[e:jjɛl nɒppɒl]

19. Maanden. Seizoenen

januari (de)	január	[jɒnua:r]
februari (de)	február	[fɛbrua:r]
maart (de)	március	[ma:rtsiuʃ]
april (de)	április	[a:priliʃ]
mei (de)	május	[ma:juʃ]
juni (de)	június	[ju:niuʃ]

juli (de)	július	[ju:liuʃ]
augustus (de)	augusztus	[ougustuʃ]
september (de)	szeptember	[sɛptɛmbɛr]
oktober (de)	október	[okto:bɛr]

november (de)	november	[novɛmbɛr]
december (de)	december	[dɛtsɛmbɛr]
lente (de)	tavasz	[tɒvɒs]
in de lente (bw)	tavasszal	[tɒvɒssɒl]
lente- (abn)	tavaszi	[tɒvɒsi]
zomer (de)	nyár	[ɲaːr]
in de zomer (bw)	nyáron	[ɲaːron]
zomer-, zomers (bn)	nyári	[ɲaːri]
herfst (de)	ősz	[øːs]
in de herfst (bw)	ősszel	[øːssɛl]
herfst- (abn)	őszi	[øːsi]
winter (de)	tél	[teːl]
in de winter (bw)	télen	[teːlɛn]
winter- (abn)	téli	[teːli]
maand (de)	hónap	[hoːnɒp]
deze maand (bw)	ebben a hónapban	[ɛbbɛn ɒ hoːnɒpbɒn]
volgende maand (bw)	a következő hónapban	[ɒ køvɛtkɛzøː hoːnɒpbɒn]
vorige maand (bw)	a múlt hónapban	[ɒ muːlt hoːnɒpbɒn]
een maand geleden (bw)	egy hónappal ezelőtt	[ɛɟ hoːnɒppɒl ɛzɛløːtt]
over een maand (bw)	egy hónap múlva	[ɛɟ hoːnɒp muːlvɒ]
over twee maanden (bw)	két hónap múlva	[keːt hoːnɒp muːlvɒ]
de hele maand (bw)	az egész hónap	[ɒz ɛgeːs hoːnɒp]
een volle maand (bw)	az egész hónap	[ɒz ɛgeːs hoːnɒp]
maand-, maandelijks (bn)	havi	[hɒvi]
maandelijks (bw)	havonta	[hɒvontɒ]
elke maand (bw)	minden hónap	[mindɛn hoːnɒp]
twee keer per maand	kétszer havonta	[keːtsɛr hɒvontɒ]
jaar (het)	év	[eːv]
dit jaar (bw)	ebben az évben	[ɛbbɛn ɒz eːvbɛn]
volgend jaar (bw)	a következő évben	[ɒ køvɛtkɛzøː eːvbɛn]
vorig jaar (bw)	a múlt évben	[ɒ muːlt eːvbɛn]
een jaar geleden (bw)	egy évvel ezelőtt	[ɛɟ eːvvɛl ɛzɛløːtt]
over een jaar	egy év múlva	[ɛɟ eːv muːlvɒ]
over twee jaar	két év múlva	[keːt eːv muːlvɒ]
het hele jaar	az egész év	[ɒz ɛgeːs eːv]
een vol jaar	az egész év	[ɒz ɛgeːs eːv]
elk jaar	minden év	[mindɛn eːv]
jaar-, jaarlijks (bn)	évi	[eːvi]
jaarlijks (bw)	évente	[eːvɛntɛ]
4 keer per jaar	négyszer évente	[neːɟsɛr eːvɛntɛ]
datum (de)	nap	[nɒp]
datum (de)	dátum	[daːtum]
kalender (de)	naptár	[nɒptaːr]
een half jaar	fél év	[feːl eːv]
zes maanden	félév	[foːloːv]

seizoen (bijv. lente, zomer)	**évszak**	[eːvsɒk]
eeuw (de)	**század**	[saːzɒd]

REIZEN. HOTEL

20. Trip. Reizen

toerisme (het)	turizmus	[turizmuʃ]
toerist (de)	turista	[turiʃtɒ]
reis (de)	utazás	[utɒzaːʃ]
avontuur (het)	kaland	[kɒlɒnd]
tocht (de)	utazás	[utɒzaːʃ]
vakantie (de)	szabadság	[sɒbɒdʃaːg]
met vakantie zijn	szabadságon van	[sɒbɒdʃaːgon vɒn]
rust (de)	pihenés	[pihɛneːʃ]
trein (de)	vonat	[vonɒt]
met de trein	vonattal	[vonɒttɒl]
vliegtuig (het)	repülőgép	[rɛpylø:ge:p]
met het vliegtuig	repülőgéppel	[rɛpylø:ge:ppɛl]
met de auto	autóval	[ɒuto:vɒl]
per schip (bw)	hajóval	[hɒjo:vɒl]
bagage (de)	csomag	[tʃomɒg]
valies (de)	bőrönd	[bø:rønd]
bagagekarretje (het)	kocsi	[kotʃi]
paspoort (het)	útlevél	[u:tlɛve:l]
visum (het)	vízum	[vi:zum]
kaartje (het)	jegy	[jɛɟ]
vliegticket (het)	repülőjegy	[rɛpylø:jɛɟ]
reisgids (de)	útikalauz	[u:tikɒlɒuz]
kaart (de)	térkép	[te:rke:p]
gebied (landelijk ~)	vidék	[vide:k]
plaats (de)	hely	[hɛj]
exotische bestemming (de)	egzotikum	[ɛgzotikum]
exotisch (bn)	egzotikus	[ɛgzotikuʃ]
verwonderlijk (bn)	csodálatos	[tʃoda:lɒtoʃ]
groep (de)	csoport	[tʃoport]
rondleiding (de)	kirándulás	[kira:ndula:ʃ]
gids (de)	idegenvezető	[idɛgɛn vɛzɛtø:]

21. Hotel

hotel (het)	szálloda	[sa:llodɒ]
motel (het)	motel	[motɛl]
3-sterren	három csillagos	[ha:rom tʃillɒgoʃ]

| 5-sterren | öt csillagos | [øt tʃillɒgoʃ] |
| overnachten (ww) | megszáll | [mɛgsa:ll] |

kamer (de)	szoba	[sobɒ]
eenpersoonskamer (de)	egyágyas szoba	[ɛja:ɟoʃ sobɒ]
tweepersoonskamer (de)	kétágyas szoba	[ke:ta:ɟoʃ sobɒ]
een kamer reserveren	lefoglal egy szobát	[lɛfoglɒl ɛɟ soba:t]

| halfpension (het) | félpanzió | [fe:lpɒnzio:] |
| volpension (het) | teljes panzió | [tɛjɛʃ pɒnzio:] |

met badkamer	fürdőszobával	[fyrdø:soba:vɒl]
met douche	zuhannyal	[zuhɒnnɒl]
satelliet-tv (de)	műholdas televízió	[my:holdɒʃ tɛlɛvizio:]
airconditioner (de)	légkondicionáló	[le:gkonditsiona:lo:]
handdoek (de)	törülköző	[tørylkøzø:]
sleutel (de)	kulcs	[kultʃ]

administrateur (de)	adminisztrátor	[ɒdministra:tor]
kamermeisje (het)	szobalány	[sobɒla:ɲ]
piccolo (de)	hordár	[horda:r]
portier (de)	portás	[porta:ʃ]

restaurant (het)	étterem	[e:ttɛrɛm]
bar (de)	bár	[ba:r]
ontbijt (het)	reggeli	[rɛggɛli]
avondeten (het)	vacsora	[vɒtʃorɒ]
buffet (het)	svédasztal	[ʃve:dɒstɒl]

lift (de)	lift	[lift]
NIET STOREN	KÉRJÜK, NE ZAVARJANAK!	[ke:rjyk nɛ zɒvɒrjɒnɒk]
VERBODEN TE ROKEN!	DOHÁNYOZNI TILOS!	[doha:nøzni tiloʃ]

22. Bezienswaardigheden

monument (het)	műemlék	[my:ɛmle:k]
vesting (de)	erőd	[ɛrø:d]
paleis (het)	palota	[pɒlotɒ]
kasteel (het)	kastély	[kɒʃte:j]
toren (de)	torony	[toroɲ]
mausoleum (het)	mauzóleum	[mɒuzo:lɛum]

architectuur (de)	építészet	[e:pi:te:sɛt]
middeleeuws (bn)	középkori	[køze:pkori]
oud (bn)	ősi	[ø:ʃi]
nationaal (bn)	nemzeti	[nɛmzɛti]
bekend (bn)	híres	[hi:rɛʃ]

toerist (de)	turista	[turiʃtɒ]
gids (de)	idegenvezető	[idɛgɛn vɛzɛtø:]
rondleiding (de)	kirándulás	[kira:ndula:ʃ]
tonen (ww)	mutat	[mutɒt]
vertellen (ww)	mesél	[mɛʃe:l]

vinden (ww)	talál	[tɒlaːl]
verdwalen (de weg kwijt zijn)	elvész	[ɛlveːs]
plattegrond (~ van de metro)	térkép	[teːrkeːp]
plattegrond (~ van de stad)	térkép	[teːrkeːp]

souvenir (het)	emléktárgy	[ɛmleːktaːrɟ]
souvenirwinkel (de)	ajándékbolt	[ɒjaːndeːkbolt]
foto's maken	fényképez	[feːɲkeːpɛz]
zich laten fotograferen	lefényképezteti magát	[lɛfeːɲkeːpɛztɛti mɒgaːt]

VERVOER

23. Vliegveld

luchthaven (de)	repülőtér	[rɛpylø:te:r]
vliegtuig (het)	repülőgép	[rɛpylø:ge:p]
luchtvaartmaatschappij (de)	légitársaság	[le:gi ta:rʃɒʃa:g]
luchtverkeersleider (de)	diszpécser	[dispe:ʧɛr]
vertrek (het)	elrepülés	[ɛlrɛpyle:ʃ]
aankomst (de)	megérkezés	[mɛge:rkɛze:ʃ]
aankomen (per vliegtuig)	megérkezik	[mɛge:rkɛzik]
vertrektijd (de)	az indulás ideje	[ɒz indula:ʃ idɛjɛ]
aankomstuur (het)	a leszállás ideje	[ɒ lɛsa:lla:ʃ idɛjɛ]
vertraagd zijn (ww)	késik	[ke:ʃik]
vluchtvertraging (de)	a felszállás késése	[ɒ fɛlsa:lla:ʃ ke:ʃe:ʃɛ]
informatiebord (het)	tájékoztató tabló	[ta:je:koztɒto: tɒblo:]
informatie (de)	információ	[informa:tsio:]
aankondigen (ww)	bemond	[bɛmond]
vlucht (bijv. KLM ~)	járat	[ja:rɒt]
douane (de)	vám	[va:m]
douanier (de)	vámos	[va:moʃ]
douaneaangifte (de)	vámnyilatkozat	[va:mɲilɒtkozɒt]
paspoortcontrole (de)	útlevélvizsgálat	[u:tlɛve:lviʒga:lɒt]
bagage (de)	poggyász	[poɟɟa:s]
handbagage (de)	kézipoggyász	[ke:zipodɟa:s]
bagagekarretje (het)	kocsi	[koʧi]
landing (de)	leszállás	[lɛsa:lla:ʃ]
landingsbaan (de)	leszállóhely	[lɛsa:llo:U4947hɛj]
landen (ww)	leszáll	[lɛsa:ll]
vliegtuigtrap (de)	utaslépcső	[utɒʃ le:pʧø:]
inchecken (het)	bejegyzés	[bɛjɛɟze:ʃ]
incheckbalie (de)	jegy és poggyászkezelés	[jɛɟ e:ʃ poɟa:s kɛzɛle:ʃ]
inchecken (ww)	bejegyzi magát	[bɛjɛɟzi mɒga:t]
instapkaart (de)	beszállókártya	[bɛsa:llo:ka:rcɒ]
gate (de)	kapu	[kɒpu]
transit (de)	tranzit	[trɒnzit]
wachten (ww)	vár	[va:r]
wachtzaal (de)	váróterem	[va:ro:tɛrɛm]
begeleiden (uitwuiven)	kísér	[ki:ʃe:r]
afscheid nemen (ww)	elbúcsúzik	[ɛlbu:ʧu:zik]

24. Vliegtuig

vliegtuig (het)	repülőgép	[rɛpylø:ge:p]
vliegticket (het)	repülőjegy	[rɛpylø:jɛɟ]
luchtvaartmaatschappij (de)	légitársaság	[le:gi ta:rʃɒʃa:g]
luchthaven (de)	repülőtér	[rɛpylø:te:r]
supersonisch (bn)	szuperszónikus	[supɛrso:nikuʃ]

gezagvoerder (de)	kapitány	[kɒpita:ɲ]
bemanning (de)	személyzet	[sɛme:jzɛt]
piloot (de)	pilóta	[pilo:tɒ]
stewardess (de)	légikisasszony	[le:gikiʃɒssoɲ]
stuurman (de)	navigátor	[nɒviga:tor]

vleugels (mv.)	szárnyak	[sa:rɲɒk]
staart (de)	vég	[ve:g]
cabine (de)	fülke	[fylkɛ]
motor (de)	motor	[motor]
landingsgestel (het)	futómű	[futo:my:]
turbine (de)	turbina	[turbinɒ]

propeller (de)	légcsavar	[le:gtʃɒvor]
zwarte doos (de)	fekete doboz	[fɛkɛtɛ doboz]
stuur (het)	kormány	[korma:ɲ]
brandstof (de)	üzemanyag	[yzɛmɒɲɒg]

veiligheidskaart (de)	instrukció	[inʃtruktsio:]
zuurstofmasker (het)	oxigénmaszk	[oksige:nmɒsk]
uniform (het)	egyenruha	[ɛɟɛnruhɒ]
reddingsvest (de)	mentőmellény	[mɛntø:mɛlle:ɲ]
parachute (de)	ejtőernyő	[ɛjtø:ɛrɲø:]

opstijgen (het)	felszállás	[fɛlsa:lla:ʃ]
opstijgen (ww)	felszáll	[fɛlsa:ll]
startbaan (de)	kifutópálya	[kifuto:pa:jɒ]

zicht (het)	láthatóság	[la:thɒto:ʃa:g]
vlucht (de)	repülés	[rɛpyle:ʃ]
hoogte (de)	magasság	[mɒgɒʃa:g]
luchtzak (de)	turbulencia	[turbulɛntsiɒ]

plaats (de)	hely	[hɛj]
koptelefoon (de)	fejhallgató	[fɛlhɒllgɒto:]
tafeltje (het)	felhajtható asztal	[fɛlhɒjthɒto: ɒstɒl]
venster (het)	repülőablak	[rɛpylø:ɒblɒk]
gangpad (het)	járat	[ja:rɒt]

25. Trein

trein (de)	vonat	[vonɒt]
elektrische trein (de)	villanyvonat	[villɒnvonɒt]
sneltrein (de)	gyorsvonat	[ɟorʃvonɒt]
diesellocomotief (de)	dízelmozdony	[di:zɛlmozdoɲ]

stoomlocomotief (de)	gőzmozdony	[gø:zmozdoɲ]
rijtuig (het)	személykocsi	[sɛme:jkoʧi]
restauratierijtuig (het)	étkezőkocsi	[e:tkɛzø:koʧi]

rails (mv.)	sín	[ʃi:n]
spoorweg (de)	vasút	[vɒʃu:t]
dwarsligger (de)	talpfa	[tɒlpfɒ]

perron (het)	peron	[pɛron]
spoor (het)	vágány	[va:ga:ɲ]
semafoor (de)	karjelző	[kɒrjɛlzø:]
halte (bijv. kleine treinhalte)	állomás	[a:lloma:ʃ]

machinist (de)	vonatvezető	[vonɒtvɛzɛtø:]
kruier (de)	hordár	[horda:r]
conducteur (de)	kalauz	[kɒlɒuz]
passagier (de)	utas	[utɒʃ]
controleur (de)	ellenőr	[ɛllɛnø:r]

| gang (in een trein) | folyosó | [fojoʃo:] |
| noodrem (de) | vészfék | [ve:sfe:k] |

coupé (de)	fülke	[fylkɛ]
bed (slaapplaats)	polc	[polts]
bovenste bed (het)	felső polc	[fɛlʃø: polts]
onderste bed (het)	alsó polc	[ɒlʃo: polts]
beddengoed (het)	ágynemű	[a:ɟnɛmy:]

kaartje (het)	jegy	[jɛɟ]
dienstregeling (de)	menetrend	[mɛnɛtrɛnd]
informatiebord (het)	tabló	[tɒblo:]

vertrekken (De trein vertrekt ...)	indul	[indul]
vertrek (ov. een trein)	indulás	[indula:ʃ]
aankomen (ov. de treinen)	érkezik	[e:rkɛzik]
aankomst (de)	érkezés	[e:rkɛze:ʃ]

aankomen per trein	vonaton érkezik	[vonɒton e:rkɛzik]
in de trein stappen	felszáll a vonatra	[fɛlsa:ll ɒ vonɒtrɒ]
uit de trein stappen	leszáll a vonatról	[lɛsa:ll ɒ vonɒtro:l]

treinwrak (het)	vasúti szerencsétlenség	[vɒʃu:ti sɛrɛnʧe:tlɛnʃe:g]
stoomlocomotief (de)	gőzmozdony	[gø:zmozdoɲ]
stoker (de)	kazánfűtő	[kɒza:nfy:tø:]
stookplaats (de)	tűztér	[ty:zte:r]
steenkool (de)	szén	[se:n]

26. Schip

schip (het)	hajó	[hɒjo:]
vaartuig (het)	vízi jármű	[vi:zi ja:rmy:]
stoomboot (de)	gőzhajó	[gø:zhɒjo:]
motorschip (het)	motoros hajó	[motoroʃ hɒjo:]

| lijnschip (het) | óceánjáró | [o:tsɛa:nja:ro:] |
| kruiser (de) | cirkáló | [tsirka:lo:] |

jacht (het)	jacht	[jɒxt]
sleepboot (de)	vontatóhajó	[vontɒto: hɒjo:]
duwbak (de)	uszály	[usa:j]
ferryboot (de)	komp	[komp]

| zeilboot (de) | vitorlás hajó | [vitorla:ʃ hɒjo:] |
| brigantijn (de) | brigantine | [brigantin] |

| ijsbreker (de) | jégtörő hajó | [je:gtørø: hɒjo:] |
| duikboot (de) | tengeralattjáró | [tɛŋgɛrɒlɒttja:ro:] |

boot (de)	csónak	[tʃo:nɒk]
sloep (de)	csónak	[tʃo:nɒk]
reddingssloep (de)	mentőcsónak	[mɛntø:tʃo:nɒk]
motorboot (de)	motorcsónak	[motor tʃo:nɒk]

kapitein (de)	kapitány	[kɒpita:ɲ]
zeeman (de)	tengerész	[tɛŋgɛre:s]
matroos (de)	tengerész	[tɛŋgɛre:s]
bemanning (de)	személyzet	[sɛme:jzɛt]

bootsman (de)	fedélzetmester	[fɛde:lzɛtmɛʃtɛr]
scheepsjongen (de)	matrózinas	[mɒtro:zinɒʃ]
kok (de)	hajószakács	[hɒjo:sɒka:tʃ]
scheepsarts (de)	hajóorvos	[hɒjo:orvoʃ]

dok (het)	fedélzet	[fɛde:lzɛt]
mast (de)	árboc	[a:rbots]
zeil (het)	vitorla	[vitorlɒ]

ruim (het)	hajóűr	[hɒjo:y:r]
voorsteven (de)	orr	[orr]
achtersteven (de)	hajófar	[hɒjo:for]
roeispaan (de)	evező	[ɛvɛzø:]
schroef (de)	csavar	[tʃɒvɒr]

kajuit (de)	hajófülke	[hɒjo:fylkɛ]
officierskamer (de)	társalgó	[ta:rʃɒlgo:]
machinekamer (de)	gépház	[ge:pha:z]
brug (de)	parancsnoki híd	[pɒrɒntʃnoki hi:d]
radiokamer (de)	rádiófülke	[ra:dio:fylkɛ]
radiogolf (de)	hullám	[hulla:m]
logboek (het)	hajónapló	[hɒjo:nɒplo:]

verrekijker (de)	távcső	[ta:vtʃø:]
klok (de)	harang	[hɒrɒŋg]
vlag (de)	zászló	[za:slo:]

| kabel (de) | kötél | [køte:l] |
| knoop (de) | tengeri csomó | [tɛŋgɛri tʃomo:] |

| leuning (de) | korlát | [korla:t] |
| trap (de) | hajólépcső | [hɒjo:le:ptʃø:] |

anker (het)	horgony	[horgoɲ]
het anker lichten	horgonyt felszed	[horgoɲt fɛlsɛd]
het anker neerlaten	horgonyt vet	[horgoɲt vɛt]
ankerketting (de)	horgonylánc	[horgoɲla:nts]

haven (bijv. containerhaven)	kikötő	[kikøtø:]
kaai (de)	móló, kikötő	[mo:lo:], [kikøtø:]
aanleggen (ww)	kiköt	[kikøt]
wegvaren (ww)	elold	[ɛlold]

reis (de)	utazás	[utɒza:ʃ]
cruise (de)	hajóút	[hɒjo:u:t]
koers (de)	irány	[ira:ɲ]
route (de)	járat	[ja:rɒt]

vaarwater (het)	hajózható út	[hɒjo:zhɒto: u:t]
zandbank (de)	zátony	[za:toɲ]
stranden (ww)	zátonyra fut	[za:toɲrɒ fut]

storm (de)	vihar	[vihɒr]
signaal (het)	jelzés	[jɛlze:ʃ]
zinken (ov. een boot)	elmerül	[ɛlmɛryl]
SOS (noodsignaal)	SOS	[sos]
reddingsboei (de)	mentőöv	[mɛntø:øv]

STAD

27. Stedelijk vervoer

bus, autobus (de)	busz	[bus]
tram (de)	villamos	[villɒmoʃ]
trolleybus (de)	trolibusz	[trolibus]
route (de)	járat	[ja:rɒt]
nummer (busnummer, enz.)	szám	[sa:m]

rijden met ...	megy ...vel	[mɛɟ ...vɛl]
stappen (in de bus ~)	felszáll	[fɛlsa:ll]
afstappen (ww)	leszáll	[lɛsa:ll]

halte (de)	állomás	[a:lloma:ʃ]
volgende halte (de)	következő állomás	[køvɛtkɛzø: a:lloma:ʃ]
eindpunt (het)	végállomás	[ve:ga:lloma:ʃ]
dienstregeling (de)	menetrend	[mɛnɛtrɛnd]
wachten (ww)	vár	[va:r]

kaartje (het)	jegy	[jɛɟ]
reiskosten (de)	jegyár	[jɛɟa:r]

kassier (de)	pénztáros	[pe:nsta:roʃ]
kaartcontrole (de)	ellenőrzés	[ɛllɛnø:rze:ʃ]
controleur (de)	ellenőr	[ɛllɛnø:r]

te laat zijn (ww)	késik	[ke:ʃik]
missen (de bus ~)	elkésik ...re	[ɛlke:ʃik ...rɛ]
zich haasten (ww)	siet	[ʃiɛt]

taxi (de)	taxi	[tɒksi]
taxichauffeur (de)	taxis	[tɒksiʃ]
met de taxi (bw)	taxival	[tɒksivɒl]
taxistandplaats (de)	taxiállomás	[tɒksia:lloma:ʃ]
een taxi bestellen	taxit hív	[tɒksit hi:v]
een taxi nemen	taxival megy	[tɒksivɒl mɛɟ]

verkeer (het)	közlekedés	[køzlɛkɛde:ʃ]
file (de)	dugó	[dugo:]
spitsuur (het)	csúcsforgalom	[ʧu:ʧforgɒlom]
parkeren (on.ww.)	parkol	[pɒrkol]
parkeren (ov.ww.)	parkol	[pɒrkol]
parking (de)	parkolóhely	[pɒrkolo:hɛj]

metro (de)	metró	[mɛtro:]
halte (bijv. kleine treinhalte)	állomás	[a:lloma:ʃ]
de metro nemen	metróval megy	[mɛtro:vɒl mɛɟ]
trein (de)	vonat	[vonɒt]
station (treinstation)	pályaudvar	[pa:jɒudvɒr]

37

28. Stad. Het leven in de stad

stad (de)	város	[vaːroʃ]
hoofdstad (de)	főváros	[føːvaːroʃ]
dorp (het)	falu	[folu]

plattegrond (de)	város térképe	[vaːroʃ teːrkeːpɛ]
centrum (ov. een stad)	városközpont	[vaːroʃkøspont]
voorstad (de)	külváros	[kylvaːroʃ]
voorstads- (abn)	külvárosi	[kylvaːroʃi]

randgemeente (de)	külváros	[kylvaːroʃ]
omgeving (de)	környék	[kørneːk]
blok (huizenblok)	városnegyed	[vaːroʃnɛɟɛd]
woonwijk (de)	lakótelep	[lɒkoːtɛlɛp]

verkeer (het)	közlekedés	[køzlɛkɛdeːʃ]
verkeerslicht (het)	lámpa	[laːmpɒ]
openbaar vervoer (het)	városi közlekedés	[vaːroʃi køzlɛkɛdeːʃ]
kruispunt (het)	útkereszteződés	[uːtkɛrɛstɛzøːdeːs]

zebrapad (oversteekplaats)	átkelőhely	[aːtkɛløːhɛj]
onderdoorgang (de)	aluljáró	[ɒluljaːroː]
oversteken (de straat ~)	átmegy	[aːtmɛɟ]
voetganger (de)	gyalogos	[ɟologoʃ]
trottoir (het)	járda	[jaːrdɒ]

brug (de)	híd	[hiːd]
dijk (de)	rakpart	[rɒkpɒrt]
fontein (de)	szökőkút	[søkøːkuːt]

allee (de)	fasor	[fɒʃor]
park (het)	park	[pɒrk]
boulevard (de)	sétány	[ʃeːtaːɲ]
plein (het)	tér	[teːr]
laan (de)	sugárút	[ʃugaːruːt]
straat (de)	utca	[uttsɒ]
zijstraat (de)	mellékutca	[mɛlleːkutsɒ]
doodlopende straat (de)	zsákutca	[ʒaːkuttsɒ]

huis (het)	ház	[haːz]
gebouw (het)	épület	[eːpylɛt]
wolkenkrabber (de)	felhőkarcoló	[fɛlhøːkɒrtsolo:]

gevel (de)	homlokzat	[homlogzɒt]
dak (het)	tető	[tɛtøː]
venster (het)	ablak	[ɒblɒk]
boog (de)	boltív	[bolti:v]
pilaar (de)	oszlop	[oslop]
hoek (ov. een gebouw)	sarok	[ʃɒrok]

vitrine (de)	kirakat	[kirɒkɒt]
gevelreclame (de)	cégtábla	[tseːgtaːblɒ]
affiche (de/het)	poszter	[postɛr]
reclameposter (de)	reklámplakát	[rɛklaːm plɒkaːt]

aanplakbord (het)	hirdetőtábla	[hirdɛtø:ta:blɒ]
vuilnis (de/het)	szemét	[sɛme:t]
vuilnisbak (de)	kuka	[kukɒ]
afval weggooien (ww)	szemetel	[sɛmɛtɛl]
stortplaats (de)	szemétlerakó hely	[sɛme:tlɛrɒko: hɛj]

telefooncel (de)	telefonfülke	[tɛlɛfonfylkɛ]
straatlicht (het)	lámpaoszlop	[la:mpɒoslop]
bank (de)	pad	[pɒd]

politieagent (de)	rendőr	[rɛndø:r]
politie (de)	rendőrség	[rɛndø:rʃe:g]
zwerver (de)	koldus	[kolduʃ]
dakloze (de)	hajléktalan	[hɒjle:ktɒlɒn]

29. Stedelijke instellingen

winkel (de)	bolt	[bolt]
apotheek (de)	gyógyszertár	[ɟø:ɟsɛrta:r]
optiek (de)	optika	[optikɒ]
winkelcentrum (het)	vásárlóközpont	[va:ʃa:rlo: køspont]
supermarkt (de)	szupermarket	[supɛrmɒrkɛt]

bakkerij (de)	péküzlet	[pe:kyzlɛt]
bakker (de)	pék	[pe:k]
banketbakkerij (de)	cukrászda	[tsukra:sdɒ]
kruidenier (de)	élelmiszerbolt	[e:lɛlmisɛrbolt]
slagerij (de)	húsbolt	[hu:ʃbolt]

groentewinkel (de)	zöldségbolt	[zøldʃe:gbolt]
markt (de)	piac	[piɒts]

koffiehuis (het)	kávézó	[ka:ve:zo:]
restaurant (het)	étterem	[e:ttɛrɛm]
bar (de)	söröző	[ʃørøzø:]
pizzeria (de)	pizzéria	[pitse:riɒ]

kapperssalon (de/het)	fodrászat	[fodra:sɒt]
postkantoor (het)	posta	[poʃtɒ]
stomerij (de)	vegytisztítás	[vɛɟtisti:ta:ʃ]
fotostudio (de)	fényképészet	[fe:ɲke:pe:sɛt]

schoenwinkel (de)	cipőbolt	[tsipø:bolt]
boekhandel (de)	könyvesbolt	[køɲvɛʃbolt]
sportwinkel (de)	sportbolt	[ʃportbolt]

kledingreparatie (de)	ruhajavítás	[ruhɒ jɒvi:ta:ʃ]
kledingverhuur (de)	ruhakölcsönzés	[ruhɒ køltʃønze:ʃ]
videotheek (de)	filmkölcsönzés	[film køltʃønze:ʃ]

circus (de/het)	cirkusz	[tsirkus]
dierentuin (de)	állatkert	[a:llɒt kɛrt]
bioscoop (de)	mozi	[mozi]
museum (het)	múzeum	[mu:zɛum]

bibliotheek (de)	könyvtár	[køɲvta:r]
theater (het)	színház	[si:nha:z]
opera (de)	opera	[opɛrɒ]
nachtclub (de)	éjjeli klub	[e:jjɛli klub]
casino (het)	kaszinó	[kɒsino:]

moskee (de)	mecset	[mɛʧɛt]
synagoge (de)	zsinagóga	[ʒinɒgo:gɒ]
kathedraal (de)	székesegyház	[se:kɛʃɛɟha:z]
tempel (de)	templom	[tɛmplom]
kerk (de)	templom	[tɛmplom]

instituut (het)	intézet	[inte:zɛt]
universiteit (de)	egyetem	[ɛɟɛtɛm]
school (de)	iskola	[iʃkolɒ]

gemeentehuis (het)	polgármesteri hivatal	[polga:rmɛʃtɛri hivɒtɒl]
stadhuis (het)	városháza	[va:roʃha:zɒ]
hotel (het)	szálloda	[sa:llodɒ]
bank (de)	bank	[bɒŋk]

ambassade (de)	nagykövetség	[nɒckøvɛʧ:e:g]
reisbureau (het)	utazási iroda	[utɒza:ʃi irodɒ]
informatieloket (het)	tudakozóiroda	[tudɒkozo: irodɒ]
wisselkantoor (het)	pénzváltó	[pe:nzva:lto:]

| metro (de) | metró | [mɛtro:] |
| ziekenhuis (het) | kórház | [ko:rha:z] |

| benzinestation (het) | benzinkút | [bɛnziŋku:t] |
| parking (de) | parkolóhely | [pɒrkolo:hɛj] |

30. Borden

gevelreclame (de)	cégtábla	[tse:gta:blɒ]
opschrift (het)	felirat	[fɛlirɒt]
poster (de)	plakát	[plɒka:t]
wegwijzer (de)	útjelző	[u:tjɛlzø:]
pijl (de)	nyíl	[ɲi:l]

waarschuwing (verwittiging)	figyelmeztetés	[fiɟɛlmɛztɛte:ʃ]
waarschuwingsbord (het)	figyelmeztetés	[fiɟɛlmɛztɛte:ʃ]
waarschuwen (ww)	figyelmeztet	[fiɟɛlmɛztɛt]

vrije dag (de)	szabadnap	[sɒbɒdnɒp]
dienstregeling (de)	órarend	[o:rɒrɛnd]
openingsuren (mv.)	nyitvatartási idő	[ɲitvɒtɒrta:ʃi idø:]

WELKOM!	ISTEN HOZTA!	[iʃtɛn hoztɒ]
INGANG	BEJÁRAT	[bɛja:rɒt]
UITGANG	KIJÁRAT	[kija:rɒt]

| DUWEN | TOLNI | [tolni] |
| TREKKEN | HÚZNI | [hu:zni] |

| OPEN | NYITVA | [ɲitvɒ] |
| GESLOTEN | ZÁRVA | [zaːrvɒ] |

| DAMES | NŐI | [nøːi] |
| HEREN | FÉRFI | [feːrfi] |

KORTING	KIÁRUSÍTÁS	[kiaːruʃiːtaːʃ]
UITVERKOOP	KEDVEZMÉNY	[kɛdvɛzmeːɲ]
NIEUW!	ÚJDONSÁG!	[uːjdonʃaːg]
GRATIS	INGYEN	[iɲɟɛn]

PAS OP!	FIGYELEM!	[fiɟɛlɛm]
VOLGEBOEKT	NINCS HELY	[nintʃ hɛj]
GERESERVEERD	FOGLALT	[foglɒlt]

| ADMINISTRATIE | IGAZGATÁS | [igɒzgɒtaːʃ] |
| ALLEEN VOOR PERSONEEL | SZEMÉLYZETI BEJÁRAT | [sɛmeːjzɛti bɛjaːrɒt] |

GEVAARLIJKE HOND	HARAPOS KUTYA	[hɒrɒpoʃ kucɒ]
VERBODEN TE ROKEN!	DOHÁNYOZNI TILOS!	[dohaːnøzni tiloʃ]
NIET AANRAKEN!	NYÚJTANI TILOS!	[ɲuːjtoni tiloʃ]

GEVAARLIJK	VESZÉLYES	[vɛseːjɛʃ]
GEVAAR	VESZÉLY	[vɛseːj]
HOOGSPANNING	MAGAS FESZÜLTSÉG	[mɒgɒʃ fɛsyltʃeːg]
VERBODEN TE ZWEMMEN	FÜRDENI TILOS	[fyrdɛni tiloʃ]
BUITEN GEBRUIK	NEM MŰKÖDIK	[nɛm myːkødik]

ONTVLAMBAAR	TŰZVESZÉLYES	[tyːzvɛseːjɛʃ]
VERBODEN	TILOS	[tiloʃ]
DOORGANG VERBODEN	TILOS AZ ÁTJÁRÁS	[tiloʃ ɒz aːtjaːraːʃ]
OPGELET PAS GEVERFD	FESTETT	[fɛʃtɛtt]

31. Winkelen

kopen (ww)	vásárol	[vaːʃaːrol]
aankoop (de)	vásárolt holmi	[vaːʃaːrolt holmi]
winkelen (ww)	vásárol	[vaːʃaːrol]
winkelen (het)	vásárlás	[vaːʃaːrlaːʃ]

| open zijn (ov. een winkel, enz.) | dolgozik | [dolgozik] |
| gesloten zijn (ww) | bezáródik | [bɛzaːroːdik] |

schoeisel (het)	cipő	[tsipøː]
kleren (mv.)	ruha	[ruhɒ]
cosmetica (mv.)	kozmetika	[kozmɛtikɒ]
voedingswaren (mv.)	élelmiszer	[eːlɛlmisɛr]
geschenk (het)	ajándék	[ɒjaːndeːk]

verkoper (de)	eladó	[ɛlɒdoː]
verkoopster (de)	eladónő	[ɛlɒdoːnøː]
kassa (de)	pénztár	[poːnɛtaːr]

spiegel (de)	tükör	[tykør]
toonbank (de)	pult	[pult]
paskamer (de)	próbafülke	[pro:bɒfylkɛ]

aanpassen (ww)	felpróbál	[fɛlpro:ba:l]
passen (ov. kleren)	megfelel	[mɛgfɛlɛl]
bevallen (prettig vinden)	tetszik	[tɛtsik]

prijs (de)	ár	[a:r]
prijskaartje (het)	árcédula	[a:rtse:dulɒ]
kosten (ww)	kerül	[kɛryl]
Hoeveel?	Mennyibe kerül?	[mɛɲɲibɛ kɛryl]
korting (de)	kedvezmény	[kɛdvɛzme:ɲ]

niet duur (bn)	olcsó	[oltʃo:]
goedkoop (bn)	olcsó	[oltʃo:]
duur (bn)	drága	[dra:gɒ]
Dat is duur.	Ez drága.	[ɛz dra:gɒ]

verhuur (de)	kölcsönzés	[køltʃønze:ʃ]
huren (smoking, enz.)	kölcsönöz	[køltʃønøz]
krediet (het)	hitel	[hitɛl]
op krediet (bw)	hitelbe	[hitɛlbɛ]

KLEDING EN ACCESSOIRES

32. Bovenkleding. Jassen

kleren (mv.)	ruha	[ruhɒ]
bovenkleding (de)	felsőruha	[fɛlʃøːruhɒ]
winterkleding (de)	téli ruha	[teːli ruhɒ]
jas (de)	kabát	[kɒbaːt]
bontjas (de)	bunda	[bundɒ]
bontjasje (het)	bekecs	[bɛkɛtʃ]
donzen jas (de)	pehelykabát	[pɛhɛj kɒbaːt]
jasje (bijv. een leren ~)	zeke	[zɛkɛ]
regenjas (de)	ballonkabát	[bɒllɒŋkɒbaːt]
waterdicht (bn)	vízhatlan	[viːzhɒtlɒn]

33. Heren & dames kleding

overhemd (het)	ing	[iŋg]
broek (de)	nadrág	[nɒdraːg]
jeans (de)	farmernadrág	[fɒrmɛrnɒdraːg]
colbert (de)	zakó	[zɒkoː]
kostuum (het)	kosztüm	[kostym]
jurk (de)	ruha	[ruhɒ]
rok (de)	szoknya	[sokɲɒ]
blouse (de)	blúz	[bluːz]
wollen vest (de)	kardigán	[kɒrdigaːn]
blazer (kort jasje)	blézer	[bleːzɛr]
T-shirt (het)	trikó	[trikoː]
shorts (mv.)	rövidnadrág	[røvidnɒdraːg]
trainingspak (het)	sportruha	[ʃportruhɒ]
badjas (de)	köntös	[køntøʃ]
pyjama (de)	pizsama	[piʒɒmɒ]
sweater (de)	pulóver	[puloːvɛr]
pullover (de)	pulóver	[puloːvɛr]
gilet (het)	mellény	[mɛlleːɲ]
rokkostuum (het)	frakk	[frɒkk]
smoking (de)	szmoking	[smokiŋg]
uniform (het)	egyenruha	[ɛɟɛnruhɒ]
werkkleding (de)	munkaruha	[muŋkɒruhɒ]
overall (de)	kezeslábas	[kɛzɛʃlaːbɒʃ]
doktersjas (de)	köpeny	[køpɛɲ]

43

34. Kleding. Ondergoed

ondergoed (het)	fehérnemű	[fɛhe:rnɛmy:]
onderhemd (het)	alsóing	[ɒlʃo:iŋg]
sokken (mv.)	zokni	[zokni]

nachthemd (het)	hálóing	[ha:lo:iŋg]
beha (de)	melltartó	[mɛlltɒrto:]
kniekousen (mv.)	térdzokni	[te:rʣokni]
panty (de)	harisnya	[hɒriʃnɒ]
nylonkousen (mv.)	harisnya	[hɒriʃnɒ]
badpak (het)	fürdőruha	[fyrdø:ruhɒ]

35. Hoofddeksels

hoed (de)	sapka	[ʃɒpkɒ]
deukhoed (de)	kalap	[kɒlɒp]
honkbalpet (de)	baseball sapka	[bɛjsbɒll ʃɒpkɒ]
kleppet (de)	sport sapka	[ʃport ʃɒpkɒ]

baret (de)	svájci sapka	[ʃva:jtsi ʃɒpkɒ]
kap (de)	csuklya	[ʧuklyɒ]
panamahoed (de)	panamakalap	[pɒnɒmɒ kɒlɒp]
gebreide muts (de)	kötött sapka	[køtøtt ʃɒpkɒ]

hoofddoek (de)	kendő	[kɛndø:]
dameshoed (de)	női kalap	[nø:i kɒlɒp]

veiligheidshelm (de)	sisak	[ʃiʃɒk]
veldmuts (de)	pilótasapka	[pilo:tɒ ʃɒpkɒ]
helm, valhelm (de)	sisak	[ʃiʃɒk]
bolhoed (de)	keménykalap	[kɛme:ɲkɒlɒp]

36. Schoeisel

schoeisel (het)	cipő	[tsipø:]
schoenen (mv.)	bakancs	[bɒkɒnʧ]
vrouwenschoenen (mv.)	félcipő	[fe:ltsipø:]
laarzen (mv.)	csizma	[ʧizmɒ]
pantoffels (mv.)	papucs	[pɒpuʧ]

sportschoenen (mv.)	edzőcipő	[ɛʣø:tsipø:]
sneakers (mv.)	tornacipő	[tornɒtsipø:]
sandalen (mv.)	szandál	[sɒnda:l]

schoenlapper (de)	cipész	[tsipe:s]
hiel (de)	sarok	[ʃɒrok]
paar (een ~ schoenen)	pár	[pa:r]

veter (de)	cipőfűző	[tsipø:fy:zø:]
rijgen (schoenen ~)	befűz	[bɛfy:z]

| schoenlepel (de) | cipőkanál | [tsipø:kɒna:l] |
| schoensmeer (de/het) | cipőkrém | [tsipø:kre:m] |

37. Persoonlijke accessoires

handschoenen (mv.)	kesztyű	[kɛscy:]
wanten (mv.)	egyujjas kesztyű	[ɛjujjoʃ kɛscy:]
sjaal (fleece ~)	sál	[ʃa:l]

bril (de)	szemüveg	[sɛmyvɛg]
brilmontuur (het)	keret	[kɛrɛt]
paraplu (de)	esernyő	[ɛʃɛrɲø:]
wandelstok (de)	sétabot	[ʃe:tobot]
haarborstel (de)	hajkefe	[hɒjkɛfɛ]
waaier (de)	legyező	[lɛɟɛzø:]

das (de)	nyakkendő	[ɲɒkkɛndø:]
strikje (het)	csokornyakkendő	[ʧokorɲɒkkɛndø:]
bretels (mv.)	nadrágtartó	[nɒdra:gtɒrto:]
zakdoek (de)	zsebkendő	[ʒɛbkɛndø:]

kam (de)	fésű	[fe:ʃy:]
haarspeldje (het)	hajcsat	[hɒjʧɒt]
schuifspeldje (het)	hajtű	[hɒjty:]
gesp (de)	csat	[ʧɒt]

| broekriem (de) | öv | [øv] |
| draagriem (de) | táskaszíj | [ta:ʃkosi:j] |

handtas (de)	táska	[ta:ʃkɒ]
damestas (de)	kézitáska	[ke:zita:ʃkɒ]
rugzak (de)	hátizsák	[ha:tiʒa:k]

38. Kleding. Diversen

mode (de)	divat	[divɒt]
de mode (bn)	divatos	[divɒtoʃ]
kledingstilist (de)	divattervező	[divɒt tɛrvɛzø:]

kraag (de)	gallér	[gɒlle:r]
zak (de)	zseb	[ʒɛb]
zak- (abn)	zseb	[ʒɛb]
mouw (de)	ruhaujj	[ruhɒujj]
lusje (het)	akasztó	[ɒkɒsto:]
gulp (de)	slicc	[ʃlits]

rits (de)	cipzár	[tsipza:r]
sluiting (de)	kapocs	[kɒpoʧ]
knoop (de)	gomb	[gomb]
knoopsgat (het)	gomblyuk	[gombjuk]
losraken (bijv. knopen)	elszakad	[ɛlsɒkɒd]
naaien (kleren, enz.)	varr	[vɒrr]

borduren (ww)	hímez	[hi:mɛz]
borduursel (het)	hímzés	[hi:mze:ʃ]
naald (de)	tű	[ty:]
draad (de)	cérna	[tse:rnɒ]
naad (de)	varrás	[vɒrra:ʃ]

vies worden (ww)	bepiszkolódik	[bɛpiskolo:dik]
vlek (de)	folt	[folt]
gekreukt raken (ov. kleren)	gyűrődik	[ɟy:rø:dik]
scheuren (ov.ww.)	megszakad	[mɛgsɒkɒd]
mot (de)	molylepke	[mojlɛpkɛ]

39. Persoonlijke verzorging. Schoonheidsmiddelen

tandpasta (de)	fogkrém	[fogkre:m]
tandenborstel (de)	fogkefe	[fokkɛfɛ]
tanden poetsen (ww)	fogat mos	[fogɒt moʃ]

scheermes (het)	borotva	[borotvɒ]
scheerschuim (het)	borotvakrém	[borotvɒkre:m]
zich scheren (ww)	borotválkozik	[borotva:lkozik]

zeep (de)	szappan	[sɒppɒn]
shampoo (de)	sampon	[ʃɒmpon]

schaar (de)	olló	[ollo:]
nagelvijl (de)	körömreszelő	[kørømrɛsɛlø:]
nagelknipper (de)	körömvágó	[kørømva:go:]
pincet (het)	csipesz	[ʧipɛs]

cosmetica (mv.)	kozmetika	[kozmɛtikɒ]
masker (het)	maszk	[mɒsk]
manicure (de)	manikűr	[mɒniky:r]
manicure doen	manikűrözik	[mɒniky:røzik]
pedicure (de)	pedikűr	[pɛdiky:r]

cosmetica tasje (het)	piperetáska	[pipɛrɛta:ʃkɒ]
poeder (de/het)	púder	[pu:dɛr]
poederdoos (de)	púderdoboz	[pu:dɛrdoboz]
rouge (de)	arcpirosító	[ɒrtspiroʃi:to:]

parfum (de/het)	illatszer	[illɒtsɛr]
eau de toilet (de)	parfüm	[pɒrfym]
lotion (de)	arcápoló	[ɒrtsa:polo:]
eau de cologne (de)	kölnivíz	[kølnivi:z]

oogschaduw (de)	szemhéjfesték	[sɛmhe:jfɛʃte:k]
oogpotlood (het)	szemceruza	[sɛmtsɛruzɒ]
mascara (de)	szempillafesték	[sɛmpillɒfɛʃte:k]

lippenstift (de)	rúzs	[ru:ʒ]
nagellak (de)	körömlakk	[kørømlɒkk]
haarlak (de)	hajrögzítő	[hɒjrøgzi:tø:]
deodorant (de)	dezodor	[dɛzodor]

crème (de)	krém	[kre:m]
gezichtscrème (de)	arckrém	[ɔrtskre:m]
handcrème (de)	kézkrém	[ke:skre:m]
antirimpelcrème (de)	ránc elleni krém	[ra:nts ɛllɛni kre:m]
dag- (abn)	nappali	[nɒppɒli]
nacht- (abn)	éjjeli	[e:jjɛli]

tampon (de)	tampon	[tɒmpon]
toiletpapier (het)	vécépapír	[ve:tse:pɒpi:r]
föhn (de)	hajszárító	[hɒjsa:ri:to:]

40. Horloges. Klokken

polshorloge (het)	karóra	[kɒro:rɒ]
wijzerplaat (de)	számlap	[sa:mlɒp]
wijzer (de)	mutató	[mutɒto:]
metalen horlogeband (de)	karkötő	[kɒrkøtø:]
horlogebandje (het)	óraszíj	[o:rɒsi:j]

batterij (de)	elem	[ɛlɛm]
leeg zijn (ww)	lemerül	[lɛmɛryl]
batterij vervangen	kicseréli az elemet	[kitʃɛre:li ɒz ɛlɛmɛt]
voorlopen (ww)	siet	[ʃiɛt]
achterlopen (ww)	késik	[ke:ʃik]

wandklok (de)	fali óra	[fɒli o:rɒ]
zandloper (de)	homokóra	[homoko:rɒ]
zonnowijzer (de)	napóra	[nɒpo:rɒ]
wekker (de)	ébresztőóra	[e:brɛstø:o:rɒ]
horlogemaker (de)	órás	[o:ra:ʃ]
repareren (ww)	javít	[jɒvi:t]

ALLEDAAGSE ERVARING

41. Geld

geld (het)	pénz	[pe:nz]
ruil (de)	váltás	[va:lta:ʃ]
koers (de)	árfolyam	[a:rfojɒm]
geldautomaat (de)	bankautomata	[bɒŋk ɒutomɒtɒ]
muntstuk (de)	érme	[e:rmɛ]
dollar (de)	dollár	[dolla:r]
euro (de)	euró	[ɛuro:]
lire (de)	líra	[li:rɒ]
Duitse mark (de)	márka	[ma:rkɒ]
frank (de)	frank	[frɒŋk]
pond sterling (het)	font sterling	[font stɛrliŋg]
yen (de)	jen	[jɛn]
schuld (geldbedrag)	adósság	[ɒdo:ʃa:g]
schuldenaar (de)	adós	[ɒdo:ʃ]
uitlenen (ww)	kölcsönad	[køltʃønɒd]
lenen (geld ~)	kölcsönvesz	[køltʃønvɛs]
bank (de)	bank	[bɒŋk]
bankrekening (de)	számla	[sa:mlɒ]
op rekening storten	számlára tesz	[sa:mla:rɒ tɛs]
opnemen (ww)	számláról lehív	[sa:mla:ro:l lɛhi:v]
kredietkaart (de)	hitelkártya	[hitɛlka:rcɒ]
baar geld (het)	készpénz	[ke:spe:nz]
cheque (de)	csekk	[tʃɛkk]
een cheque uitschrijven	kiállít egy csekket	[kia:lli:t ɛj: tʃɛkkɛt]
chequeboekje (het)	csekkkönyv	[tʃɛkkkøɲv]
portefeuille (de)	pénztárca	[pe:nsta:rtsɒ]
geldbeugel (de)	pénztárca	[pe:nsta:rtsɒ]
safe (de)	páncélszekrény	[pa:ntse:lsɛkre:ɲ]
erfgenaam (de)	örökös	[ørøkøʃ]
erfenis (de)	örökség	[ørøkʃe:g]
fortuin (het)	vagyon	[vɒɟøn]
huur (de)	bérlet	[be:rlɛt]
huurprijs (de)	lakbér	[lɒkbe:r]
huren (huis, kamer)	bérel	[be:rɛl]
prijs (de)	ár	[a:r]
kostprijs (de)	költség	[køltʃe:g]
som (de)	összeg	[øssɛg]

uitgeven (geld besteden)	költ	[kølt]
kosten (mv.)	kiadások	[kiɒdaːʃok]
bezuinigen (ww)	takarékoskodik	[tɒkɒreːkoʃkodik]
zuinig (bn)	takarékos	[tɒkɒreːkoʃ]

betalen (ww)	fizet	[fizɛt]
betaling (de)	fizetés	[fizɛteːʃ]
wisselgeld (het)	visszajáró pénz	[vissɒjaːroː peːnz]

belasting (de)	adó	[ɒdoː]
boete (de)	büntetés	[byntɛteːʃ]
beboeten (bekeuren)	büntet	[byntɛt]

42. Post. Postkantoor

postkantoor (het)	posta	[poʃtɒ]
post (de)	posta	[poʃtɒ]
postbode (de)	postás	[poʃtaːʃ]
openingsuren (mv.)	nyitvatartási idő	[ɲitvɒtɒrtaːʃi idøː]

brief (de)	levél	[lɛveːl]
aangetekende brief (de)	ajánlott levél	[ɒjaːnlott lɛveːl]
briefkaart (de)	képeslap	[keːpɛʃlɒp]
telegram (het)	távirat	[taːvirɒt]
postpakket (het)	csomag	[tʃomɒg]
overschrijving (de)	pénzátutalás	[peːnzaːtutɒlaːʃ]

ontvangen (ww)	kap	[kɒp]
sturen (zenden)	felad	[fɛlɒd]
verzending (de)	feladás	[fɛlɒdaːʃ]

adres (het)	cím	[tsiːm]
postcode (de)	irányítószám	[iraːɲiːtoːsaːm]
verzender (de)	feladó	[fɛlɒdoː]
ontvanger (de)	címzett	[tsiːmzɛtt]

naam (de)	név	[neːv]
achternaam (de)	vezetéknév	[vɛzɛteːk neːv]

tarief (het)	tarifa	[tarifa]
standaard (bn)	normál	[normaːl]
zuinig (bn)	kedvezményes	[kɛdvɛzmeːɲɛʃ]

gewicht (het)	súly	[ʃuːj]
afwegen (op de weegschaal)	megmér	[mɛgmeːr]
envelop (de)	boríték	[boriːteːk]
postzegel (de)	márka	[maːrkɒ]

43. Bankieren

bank (de)	bank	[bɒŋk]
bankfiliaal (het)	fiók	[fioːk]

49

| bankbediende (de) | tanácsadó | [tɒna:tʃɒdo:] |
| manager (de) | vezető | [vɛzɛtø:] |

bankrekening (de)	számla	[sa:mlɒ]
rekeningnummer (het)	számlaszám	[sa:mlɒsa:m]
lopende rekening (de)	folyószámla	[fojo:sa:mlɒ]
spaarrekening (de)	megtakarítási számla	[mɛgtɒkɒrita:ʃi sa:mlɒ]

een rekening openen	számlát nyit	[sa:mla:t nit]
de rekening sluiten	zárolja a számlát	[za:rojɒ ɒ sa:mla:t]
op rekening storten	számlára tesz	[sa:mla:rɒ tɛs]
opnemen (ww)	számláról lehív	[sa:mla:ro:l lɛhi:v]

storting (de)	betét	[bɛte:t]
een storting maken	pénzt betesz	[pe:nst bɛtɛs]
overschrijving (de)	átutalás	[a:tutɒla:ʃ]
een overschrijving maken	pénzt átutal	[pe:nst a:tutɒl]

| som (de) | összeg | [øssɛg] |
| Hoeveel? | Mennyi? | [mɛnɲi] |

| handtekening (de) | aláírás | [ɒla:i:ra:ʃ] |
| ondertekenen (ww) | aláír | [ɒla:i:r] |

kredietkaart (de)	hitelkártya	[hitɛlka:rcɒ]
code (de)	kód	[ko:d]
kredietkaartnummer (het)	hitelkártya száma	[hitɛlka:rcɒ sa:mɒ]
geldautomaat (de)	bankautomata	[bɒŋk ɒutomɒtɒ]

cheque (de)	csekk	[tʃɛkk]
een cheque uitschrijven	kiállítja a csekket	[kia:lli:cɒ ɒ tʃɛkkɛt]
chequeboekje (het)	csekkkönyv	[tʃɛkkkøɲv]

lening, krediet (de)	hitel	[hitɛl]
een lening aanvragen	hitelért fordul	[hitɛle:rt fordul]
een lening nemen	hitelt felvesz	[hitɛlt fɛlvɛs]
een lening verlenen	hitelt nyújt	[hitɛlt nju:jt]
garantie (de)	biztosíték	[bistoʃi:te:k]

44. Telefoon. Telefoongesprek

telefoon (de)	telefon	[tɛlɛfon]
mobieltje (het)	mobiltelefon	[mobiltɛlɛfon]
antwoordapparaat (het)	üzenetrögzítő	[yzɛnɛt røgzi:tø:]

| bellen (ww) | felhív | [fɛlhi:v] |
| belletje (telefoontje) | felhívás | [fɛlhi:va:ʃ] |

een nummer draaien	telefonszámot tárcsáz	[tɛlɛfonsa:mot ta:rtʃa:z]
Hallo!	Halló!	[hɒllo:]
vragen (ww)	kérdez	[ke:rdɛz]
antwoorden (ww)	válaszol	[va:lɒsol]
horen (ww)	hall	[hɒll]
goed (bw)	jól	[jo:l]

| slecht (bw) | rosszul | [rossul] |
| storingen (mv.) | zavar | [zɒvɒr] |

hoorn (de)	kagyló	[kɒjlo:]
opnemen (ww)	kagylót felvesz	[kɒjlo:t fɛlvɛs]
ophangen (ww)	kagylót letesz	[kɒjlo:t lɛtɛs]

bezet (bn)	foglalt	[foglɒlt]
overgaan (ww)	csörög	[ʧørøg]
telefoonboek (het)	telefonkönyv	[tɛlɛfoŋkøɲv]

lokaal (bn)	helyi	[hɛji]
interlokaal (bn)	interurbán	[intɛrurba:n]
buitenlands (bn)	nemzetközi	[nɛmzɛtkøzi]

45. Mobiele telefoon

mobieltje (het)	mobiltelefon	[mobiltɛlɛfon]
scherm (het)	kijelző	[kijɛlzø:]
toets, knop (de)	gomb	[gomb]
simkaart (de)	SIM kártya	[sim ka:rcɒ]

batterij (de)	akkumulátor	[ɒkkumula:tor]
leeg zijn (ww)	kisül	[kiʃyl]
acculader (de)	telefontöltő	[tɛlɛfon tøltø:]

menu (het)	menü	[mɛny]
instellingen (mv.)	beállítások	[bɛa:lli:ta:ʃok]
melodie (beltoon)	dallam	[dɒllɒm]
selecteren (ww)	választ	[va:lɒst]

rekenmachine (de)	kalkulátor	[kɒlkula:tor]
voicemail (de)	üzenetrögzítő	[yzɛnɛt røgzi:tø:]
wekker (de)	ébresztőóra	[e:brɛstø:o:rɒ]
contacten (mv.)	telefonkönyv	[tɛlɛfoŋkøɲv]

| SMS-bericht (het) | SMS | [ɛʃɛmɛʃ] |
| abonnee (de) | előfizető | [ɛlø:fizɛtø:] |

46. Schrijfbehoeften

| balpen (de) | golyóstoll | [gojo:ʃtoll] |
| vulpen (de) | töltőtoll | [tøltø:toll] |

potlood (het)	ceruza	[tsɛruzɒ]
marker (de)	filctoll	[filtstoll]
viltstift (de)	filctoll	[filtstoll]

notitieboekje (het)	notesz	[notɛs]
agenda (boekje)	határidőnapló	[hɒta:ridø:nɒplo:]
liniaal (de/het)	vonalzó	[vonɒlzo:]
rekenmachine (de)	kalkulátor	[kɒlkula:tor]

gom (de)	radír	[rɒdiːr]
punaise (de)	rajzszeg	[rɒjzsɛg]
paperclip (de)	gémkapocs	[geːmkɒpotʃ]

lijm (de)	ragasztó	[rɒgɒstoː]
nietmachine (de)	tűzőgép	[tyːzøːgeːp]
perforator (de)	lyukasztó	[jukɒstoː]
potloodslijper (de)	ceruzahegyező	[tsɛruzɒhɛɟɛzøː]

47. Vreemde talen

taal (de)	nyelv	[ɲɛlv]
vreemde taal (de)	idegen nyelv	[idɛgɛn ɲɛlv]
leren (bijv. van buiten ~)	tanul	[tɒnul]
studeren (Nederlands ~)	tanul	[tɒnul]

lezen (ww)	olvas	[olvɒʃ]
spreken (ww)	beszél	[bɛseːl]
begrijpen (ww)	ért	[eːrt]
schrijven (ww)	ír	[iːr]

snel (bw)	gyorsan	[ɟorʃɒn]
langzaam (bw)	lassan	[lɒʃɒn]
vloeiend (bw)	folyékonyan	[foje:koɲɒn]

regels (mv.)	szabályok	[sɒbaːjok]
grammatica (de)	nyelvtan	[ɲɛlvtɒn]
vocabulaire (het)	szókincs	[soːkintʃ]
fonetiek (de)	hangtan	[hɒŋgtɒn]

leerboek (het)	tankönyv	[tɒŋkøɲv]
woordenboek (het)	szótár	[soːtaːr]
leerboek (het) voor zelfstudie	önálló tanulásra szolgáló könyv	[ønaːlloː tɒnulaːʃrɒ solga:lo: køɲv]
taalgids (de)	társalgási nyelvkönyv	[taːrʃolgaːʃi nɛlvkøɲv]

cassette (de)	kazetta	[kɒzɛttɒ]
videocassette (de)	videokazetta	[fidɛokɒzɛttɒ]
CD (de)	CDlemez	[tsɛdɛlɛmɛz]
DVD (de)	DVDlemez	[dɛvɛdɛlɛmɛz]

alfabet (het)	ábécé	[aːbeːtseː]
spellen (ww)	betűz	[bɛtyːz]
uitspraak (de)	kiejtés	[kiɛjteːʃ]

accent (het)	akcentus	[ɒktsɛntuʃ]
met een accent (bw)	akcentussal	[ɒktsɛntuʃol]
zonder accent (bw)	akcentus nélkül	[ɒktsɛntuʃ neːlkyl]

| woord (het) | szó | [soː] |
| betekenis (de) | értelem | [eːrtɛlɛm] |

| cursus (de) | tanfolyam | [tɒnfojɒm] |
| zich inschrijven (ww) | jelentkezik | [jɛlɛntkɛzik] |

leraar (de)	tanár	[tɒna:r]
vertaling (een ~ maken)	fordítás	[fordi:ta:ʃ]
vertaling (tekst)	fordítás	[fordi:ta:ʃ]
vertaler (de)	fordító	[fordi:to:]
tolk (de)	tolmács	[tolma:ʧ]
polyglot (de)	poliglott	[poliglott]
geheugen (het)	emlékezet	[ɛmle:kɛzɛt]

MAALTIJDEN. RESTAURANT

48. Tafelschikking

lepel (de)	kanál	[kɒnaːl]
mes (het)	kés	[keːʃ]
vork (de)	villa	[villɒ]
kopje (het)	csésze	[ʧeːsɛ]
bord (het)	tányér	[taːneːr]
schoteltje (het)	csészealj	[ʧeːsɛɒj]
servet (het)	szalvéta	[sɒlveːtɒ]
tandenstoker (de)	fogpiszkáló	[fokpiskaːloː]

49. Restaurant

restaurant (het)	étterem	[eːttɛrɛm]
koffiehuis (het)	kávézó	[kaːveːzoː]
bar (de)	bár	[baːr]
tearoom (de)	tea szalon	[tɛɒ sɒlon]
kelner, ober (de)	pincér	[pintseːr]
serveerster (de)	pincérnő	[pintseːrnøː]
barman (de)	bármixer	[baːrmiksɛr]
menu (het)	étlap	[eːtlɒp]
wijnkaart (de)	borlap	[borlɒp]
een tafel reserveren	asztalt foglal	[ɒstɒlt foglɒl]
gerecht (het)	étel	[eːtɛl]
bestellen (eten ~)	rendel	[rɛndɛl]
een bestelling maken	rendel	[rɛndɛl]
aperitief (de/het)	aperitif	[ɒpɛritif]
voorgerecht (het)	előétel	[ɛløːeːtɛl]
dessert (het)	desszert	[dɛssɛrt]
rekening (de)	számla	[saːmlɒ]
de rekening betalen	számlát fizet	[saːmlaːt fizɛt]
wisselgeld teruggeven	visszajáró pénzt ad	[vissɒjaːroː peːnzt ɒd]
fooi (de)	borravaló	[borrɒvɒloː]

50. Maaltijden

eten (het)	étel	[eːtɛl]
eten (ww)	eszik	[ɛsik]

ontbijt (het)	reggeli	[rɛggɛli]
ontbijten (ww)	reggelizik	[rɛggɛlizik]
lunch (de)	ebéd	[ɛbe:d]
lunchen (ww)	ebédel	[ɛbe:dɛl]
avondeten (het)	vacsora	[vɒtʃorɒ]
souperen (ww)	vacsorázik	[vɒtʃora:zik]

eetlust (de)	étvágy	[e:tva:ɟ]
Eet smakelijk!	Jó étvágyat!	[jo: e:tva:ɟot]

openen (een fles ~)	nyit	[ɲit]
morsen (koffie, enz.)	kiönt	[kiønt]
zijn gemorst	kiömlik	[kiømlik]

koken (water kookt bij 100°C)	forr	[forr]
koken (Hoe om water te ~)	forral	[forrɒl]
gekookt (~ water)	forralt	[forrɒlt]
afkoelen (koeler maken)	lehűt	[lɛhy:t]
afkoelen (koeler worden)	lehűl	[lɛhy:l]

smaak (de)	íz	[i:z]
nasmaak (de)	utóíz	[uto:i:z]

volgen een dieet	lefogy	[lɛfoɟ]
dieet (het)	diéta	[die:tɒ]
vitamine (de)	vitamin	[vitɒmin]
calorie (de)	kalória	[kɒlo:riɒ]
vegetariër (de)	vegetáriánus	[vɛgɛta:ria:nuʃ]
vegetarisch (bn)	vegetáriánus	[vɛgɛta:ria:nuʃ]

vetten (mv.)	zsír	[ʒi:r]
eiwitten (mv.)	fehérje	[fɛhe:rjɛ]
koolhydraten (mv.)	szénhidrát	[se:nhidra:t]
snede (de)	szelet	[sɛlɛt]
stuk (bijv. een ~ taart)	szelet	[sɛlɛt]
kruimel (de)	morzsa	[morʒɒ]

51. Bereide gerechten

gerecht (het)	étel	[e:tɛl]
keuken (bijv. Franse ~)	konyha	[koɲhɒ]
recept (het)	recept	[rɛtsɛpt]
portie (de)	adag	[ɒdɒg]

salade (de)	saláta	[ʃɒla:tɒ]
soep (de)	leves	[lɛvɛʃ]

bouillon (de)	erőleves	[ɛrø:lɛvɛʃ]
boterham (de)	szendvics	[sɛndvitʃ]
spiegelei (het)	tojásrántotta	[toja:ʃra:ntottɒ]

hamburger (de)	hamburger	[hɒmburgɛr]
biefstuk (de)	bifsztek	[bifstɛk]
garnering (de)	köret	[kørɛt]

spaghetti (de)	spagetti	[ʃpɒgɛtti]
aardappelpuree (de)	burgonyapüré	[burgoɲɒpyre:]
pizza (de)	pizza	[pitsɒ]
pap (de)	kása	[ka:ʃɒ]
omelet (de)	tojáslepény	[toja:ʃlɛpe:ɲ]

gekookt (in water)	főtt	[fø:tt]
gerookt (bn)	füstölt	[fyʃtølt]
gebakken (bn)	sült	[ʃylt]
gedroogd (bn)	aszalt	[ɒsɒlt]
diepvries (bn)	fagyasztott	[fɒɟɒstott]
gemarineerd (bn)	ecetben eltett	[ɛtsɛtbɛn ɛltɛtt]

zoet (bn)	édes	[e:dɛʃ]
gezouten (bn)	sós	[ʃo:ʃ]
koud (bn)	hideg	[hidɛg]
heet (bn)	meleg	[mɛlɛg]
bitter (bn)	keserű	[kɛʃɛry:]
lekker (bn)	finom	[finom]

koken (in kokend water)	főz	[fø:z]
bereiden (avondmaaltijd ~)	készít	[ke:si:t]
bakken (ww)	süt	[ʃyt]
opwarmen (ww)	melegít	[mɛlɛgi:t]

zouten (ww)	sóz	[ʃo:z]
peperen (ww)	borsoz	[borʃoz]
raspen (ww)	reszel	[rɛsɛl]
schil (de)	héj	[he:j]
schillen (ww)	hámoz	[ha:moz]

52. Voedsel

vlees (het)	hús	[hu:ʃ]
kip (de)	csirke	[tʃirkɛ]
kuiken (het)	csirke	[tʃirkɛ]
eend (de)	kacsa	[kɒtʃɒ]
gans (de)	liba	[libɒ]
wild (het)	vadhús	[vɒdhu:ʃ]
kalkoen (de)	pulyka	[pujkɒ]

varkensvlees (het)	sertés	[ʃɛrte:ʃ]
kalfsvlees (het)	borjúhús	[borju:hu:ʃ]
schapenvlees (het)	birkahús	[birkɒhu:ʃ]
rundvlees (het)	marhahús	[mɒrhɒhu:ʃ]
konijnenvlees (het)	nyúl	[ɲu:l]

worst (de)	kolbász	[kolba:s]
saucijs (de)	virsli	[virʃli]
spek (het)	húsos szalonna	[hu:ʃoʃ sɒlonnɒ]
ham (de)	sonka	[ʃoŋkɒ]
gerookte achterham (de)	sonka	[ʃoŋkɒ]
paté (de)	pástétom	[pa:ʃte:tom]
lever (de)	máj	[ma:j]

| gehakt (het) | darált hús | [dɔraːlt huːʃ] |
| tong (de) | nyelv | [ɲɛlv] |

ei (het)	tojás	[tojaːʃ]
eieren (mv.)	tojások	[tojaːʃok]
eiwit (het)	tojásfehérje	[tojaːʃfɛheːrjɛ]
eigeel (het)	tojássárgája	[tojaːʃaːrgaːjɔ]

vis (de)	hal	[hɔl]
zeevruchten (mv.)	tenger gyümölcsei	[tɛŋgɛr ɟymølʧɛi]
kaviaar (de)	halikra	[hɔlikrɔ]

krab (de)	tarisznyarák	[tɔrisɲɔraːk]
garnaal (de)	garnélarák	[gɔrneːlɔraːk]
oester (de)	osztriga	[ostrigɔ]
langoest (de)	languszta	[lɔŋgustɔ]
octopus (de)	nyolckarú polip	[ɲoltskɔruː polip]
inktvis (de)	kalmár	[kɔlmaːr]

steur (de)	tokhal	[tokhɔl]
zalm (de)	lazac	[lɔzɔts]
heilbot (de)	óriás laposhal	[oːriaːʃ lɔpoʃhɔl]

kabeljauw (de)	tőkehal	[tøːkɛhɔl]
makreel (de)	makréla	[mɔkreːlɔ]
tonijn (de)	tonhal	[tonhɔl]
paling (de)	angolna	[ɔŋgolnɔ]

forel (de)	pisztráng	[pistraːŋg]
sardine (de)	szardínia	[sɔrdiːniɔ]
snoek (de)	csuka	[ʧukɔ]
haring (de)	hering	[hɛriŋg]

brood (het)	kenyér	[kɛneːr]
kaas (de)	sajt	[ʃojt]
suiker (de)	cukor	[tsukor]
zout (het)	só	[ʃoː]

rijst (de)	rizs	[riʒ]
pasta (de)	makaróni	[mɔkɔroːni]
noedels (mv.)	metélttészta	[mɛteːltteːstɔ]

boter (de)	vaj	[vɔj]
plantaardige olie (de)	olaj	[olɔj]
zonnebloemolie (de)	napraforgóolaj	[nɔprɔforgoːolɔj]
margarine (de)	margarin	[mɔrgɔrin]

| olijven (mv.) | olajbogyó | [olɔjboɟøː] |
| olijfolie (de) | olívaolaj | [oliːvɔ olɔj] |

melk (de)	tej	[tɛj]
gecondenseerde melk (de)	sűrített tej	[ʃyːriːtɛtt tɛj]
yoghurt (de)	joghurt	[jogurt]
zure room (de)	tejföl	[tɛjføl]
room (de)	tejszín	[tɛjsiːn]
mayonaise (de)	majonéz	[mɔjonoːz]

crème (de)	krém	[kre:m]
graan (het)	dara	[dɒrɒ]
meel (het), bloem (de)	liszt	[list]
conserven (mv.)	konzerv	[konzɛrv]

maïsvlokken (mv.)	kukoricapehely	[kukoritsɒpɛhɛj]
honing (de)	méz	[me:z]
jam (de)	dzsem	[dʒɛm]
kauwgom (de)	rágógumi	[ra:go:gumi]

53. Drankjes

water (het)	víz	[vi:z]
drinkwater (het)	ivóvíz	[ivo:vi:z]
mineraalwater (het)	ásványvíz	[a:ʃva:ɲvi:z]

zonder gas	szóda nélkül	[so:dɒ ne:lkyl]
koolzuurhoudend (bn)	szóda	[so:dɒ]
bruisend (bn)	szóda	[so:dɒ]
ijs (het)	jég	[je:g]
met ijs	jeges	[jɛgɛʃ]

alcohol vrij (bn)	alkoholmentes	[ɒlkoholmɛntɛʃ]
alcohol vrije drank (de)	alkoholmentes ital	[ɒlkoholmɛntɛʃ itɒl]
frisdrank (de)	üdítő	[y:di:tø:]
limonade (de)	limonádé	[limona:de:]

alcoholische dranken (mv.)	szeszesitalok	[sɛsɛʃ itɒlok]
wijn (de)	bor	[bor]
witte wijn (de)	fehérbor	[fɛhe:rbor]
rode wijn (de)	vörösbor	[vørøʃbor]

likeur (de)	likőr	[likø:r]
champagne (de)	pezsgő	[pɛʒgø:]
vermout (de)	vermut	[vɛrmut]

whisky (de)	whisky	[viski]
wodka (de)	vodka	[vodkɒ]
gin (de)	gin	[dʒin]
cognac (de)	konyak	[koɲɒk]
rum (de)	rum	[rum]

koffie (de)	kávé	[ka:ve:]
zwarte koffie (de)	feketekávé	[fɛkɛtɛ ka:ve:]
koffie (de) met melk	tejeskávé	[tɛjɛʃka:ve:]
cappuccino (de)	tejszínes kávé	[tɛjsi:nɛʃ ka:ve:]
oploskoffie (de)	neszkávé	[nɛska:ve:]

melk (de)	tej	[tɛj]
cocktail (de)	koktél	[kokte:l]
milkshake (de)	tejkoktél	[tɛjkokte:l]

| sap (het) | lé | [le:] |
| tomatensap (het) | paradicsomlé | [pɒrɒditʃomle:] |

| sinaasappelsap (het) | narancslé | [nɒrɒntʃlɛ:] |
| vers geperst sap (het) | frissen kifacsart lé | [friʃɛn kifɒtʃɒrt le:] |

bier (het)	sör	[ʃør]
licht bier (het)	világos sör	[vila:goʃ ʃør]
donker bier (het)	barna sör	[bɒrnɒ ʃør]

thee (de)	tea	[tɛɒ]
zwarte thee (de)	feketetea	[fɛkɛtɛ tɛɒ]
groene thee (de)	zöldtea	[zølt tɛɒ]

54. Groenten

| groenten (mv.) | zöldségek | [zøldʃe:gɛk] |
| verse kruiden (mv.) | zöldség | [zøldʃe:g] |

tomaat (de)	paradicsom	[pɒrɒditʃom]
augurk (de)	uborka	[uborkɒ]
wortel (de)	sárgarépa	[ʃa:rgɒre:pɒ]
aardappel (de)	krumpli	[krumpli]
ui (de)	hagyma	[hɒɟmɒ]
knoflook (de)	fokhagyma	[fokhɒɟmɒ]

kool (de)	káposzta	[ka:postɒ]
bloemkool (de)	karfiol	[korfiol]
spruitkool (de)	kelbimbó	[kɛlbimbo:]
broccoli (de)	brokkoli	[brokkoli]
rode biet (de)	cékla	[tʃe:klɒ]
aubergine (de)	padlizsán	[pɒdliʒa:n]
courgette (de)	cukkini	[tsukkini]
pompoen (de)	tök	[tøk]
raap (de)	répa	[re:pɒ]

peterselie (de)	petrezselyem	[pɛtrɛʒɛjɛm]
dille (de)	kapor	[kɒpor]
sla (de)	saláta	[ʃɒla:tɒ]
selderij (de)	zeller	[zɛllɛr]
asperge (de)	spárga	[ʃpa:rgɒ]
spinazie (de)	spenót	[ʃpɛno:t]
erwt (de)	borsó	[borʃo:]
bonen (mv.)	bab	[bɒb]
maïs (de)	kukorica	[kukoritsɒ]
nierboon (de)	bab	[bɒb]

peper (de)	paprika	[pɒprikɒ]
radijs (de)	hónapos retek	[ho:nɒpoʃ rɛtɛk]
artisjok (de)	articsóka	[ɒrtitʃo:kɒ]

55. Vruchten. Noten

| vrucht (de) | gyümölcs | [ɟymølʧ] |
| appel (de) | alma | [ɒlmɒ] |

peer (de)	körte	[kørtɛ]
citroen (de)	citrom	[tsitrom]
sinaasappel (de)	narancs	[nɒrɒntʃ]
aardbei (de)	eper	[ɛpɛr]

mandarijn (de)	mandarin	[mɒndɒrin]
pruim (de)	szilva	[silvɒ]
perzik (de)	őszibarack	[ø:sibɒrɒtsk]
abrikoos (de)	sárgabarack	[ʃa:rgɒbɒrɒtsk]
framboos (de)	málna	[ma:lnɒ]
ananas (de)	ananász	[ɒnɒna:s]

banaan (de)	banán	[bɒna:n]
watermeloen (de)	görögdinnye	[gørøgdiɲɛ]
druif (de)	szőlő	[sø:lø:]
zure kers (de)	meggy	[mɛdɉ]
zoete kers (de)	cseresznye	[ʧɛrɛsnɛ]
meloen (de)	dinnye	[diɲɛ]

grapefruit (de)	citrancs	[tsitrɒnʧ]
avocado (de)	avokádó	[ɒvoka:do:]
papaja (de)	papaya	[pɒpɒjɒ]
mango (de)	mangó	[mɒŋgo:]
granaatappel (de)	gránátalma	[gra:na:tɒlmɒ]

rode bes (de)	pirosribizli	[piroʃribizli]
zwarte bes (de)	feketeribizli	[fɛkɛtɛ ribizli]
kruisbes (de)	egres	[ɛgrɛʃ]
blauwe bosbes (de)	fekete áfonya	[fɛkɛtɛ a:foɲɒ]
braambes (de)	szeder	[sɛdɛr]

rozijn (de)	mazsola	[mɒʒolɒ]
vijg (de)	füge	[fygɛ]
dadel (de)	datolya	[dɒtojɒ]

pinda (de)	földimogyoró	[føldimoɟøro:]
amandel (de)	mandula	[mɒndulɒ]
walnoot (de)	dió	[dio:]
hazelnoot (de)	mogyoró	[moɟøro:]
kokosnoot (de)	kókuszdió	[ko:kusdio:]
pistaches (mv.)	pisztácia	[pista:tsiɒ]

56. Brood. Snoep

suikerbakkerij (de)	édesipari áruk	[e:dɛʃipɒri a:ruk]
brood (het)	kenyér	[kɛne:r]
koekje (het)	sütemény	[ʃytɛme:ɲ]

chocolade (de)	csokoládé	[ʧokola:de:]
chocolade- (abn)	csokoládé	[ʧokola:de:]
snoepje (het)	cukorka	[tsukorkɒ]
cakeje (het)	torta	[tortɒ]
taart (bijv. verjaardags~)	torta	[tortɒ]
pastei (de)	töltött lepény	[tøltøtt lɛpe:ɲ]

vulling (de)	töltelék	[tøltɛle:k]
confituur (de)	lekvár	[lɛkva:r]
marmelade (de)	gyümölcszselé	[ɟymølʧ ʒɛle:]
wafel (de)	ostya	[oʃcɒ]
ijsje (het)	fagylalt	[fɒɟlɒlt]

57. Kruiden

zout (het)	só	[ʃo:]
gezouten (bn)	sós	[ʃo:ʃ]
zouten (ww)	sóz	[ʃo:z]

zwarte peper (de)	feketebors	[fɛkɛtɛ borʃ]
rode peper (de)	pirospaprika	[piroʃpɒprikɒ]
mosterd (de)	mustár	[muʃta:r]
mierikswortel (de)	torma	[tormɒ]

condiment (het)	fűszer	[fy:sɛr]
specerij, kruiderij (de)	fűszer	[fy:sɛr]
saus (de)	szósz	[so:s]
azijn (de)	ecet	[ɛtsɛt]

anijs (de)	ánizs	[a:nis]
basilicum (de)	bazsalikom	[bɒʒɒlikom]
kruidnagel (de)	szegfű	[sɛgfy:]
gember (de)	gyömbér	[ɟømbe:r]
koriander (de)	koriander	[koriɒndɛr]
kaneel (de/het)	fahéj	[fɒhe:j]

sesamzaad (het)	szezámmag	[sɛza:mmɒg]
laurierblad (het)	babérlevél	[bɒbe:rlɛve:l]
paprika (de)	paprika	[pɒprikɒ]
komijn (de)	kömény	[køme:ɲ]
saffraan (de)	sáfrány	[ʃa:fra:ɲ]

PERSOONLIJKE INFORMATIE. FAMILIE

58. Persoonlijke informatie. Formulieren

naam (de)	név	[ne:v]
achternaam (de)	vezetéknév	[vɛzɛte:k ne:v]
geboortedatum (de)	születési dátum	[sylɛte:ʃi da:tum]
geboorteplaats (de)	születési hely	[sylɛte:ʃi hɛj]
nationaliteit (de)	nemzetiség	[nɛmzɛtiʃe:g]
woonplaats (de)	lakcím	[lɔktsi:m]
land (het)	ország	[orsa:g]
beroep (het)	foglalkozás	[foglɔlkoza:ʃ]
geslacht	nem	[nɛm]
(ov. het vrouwelijk ~)		
lengte (de)	magasság	[mɔgɔʃa:g]
gewicht (het)	súly	[ʃu:j]

59. Familieleden. Verwanten

moeder (de)	anya	[ɔɲɒ]
vader (de)	apa	[ɒpɒ]
zoon (de)	fiú	[fiu:]
dochter (de)	lány	[la:ɲ]
jongste dochter (de)	fiatalabb lány	[fiɒtɔlɔbb la:ɲ]
jongste zoon (de)	fiatalabb fiú	[fiɒtɔlɔbb fiu:]
oudste dochter (de)	idősebb lány	[idø:ʃɛbb la:ɲ]
oudste zoon (de)	idősebb fiú	[idø:ʃɛbb fiu:]
oudere broer (de)	báty	[ba:c]
jongere broer (de)	öcs	[øtʃ]
oudere zuster (de)	nővér	[nø:ve:r]
jongere zuster (de)	húg	[hu:g]
neef (zoon van oom, tante)	unokabáty	[unokɒ ba:c]
nicht (dochter van oom, tante)	unokanővér	[unokɒ nø:ve:r]
mama (de)	anya	[ɔɲɒ]
papa (de)	apa	[ɒpɒ]
ouders (mv.)	szülők	[sylø:k]
kind (het)	gyerek	[ɟɛrɛk]
kinderen (mv.)	gyerekek	[ɟɛrɛkɛk]
oma (de)	nagyanya	[nɒɟɔɲɒ]
opa (de)	nagyapa	[nɒɟɒpɒ]
kleinzoon (de)	unoka	[unokɒ]

| kleindochter (de) | unoka | [unokɒ] |
| kleinkinderen (mv.) | unokák | [unoka:k] |

oom (de)	bácsi	[ba:ʧi]
tante (de)	néni	[ne:ni]
neef (zoon van broer, zus)	unokaöcs	[unokɒøʧ]
nicht (dochter van broer, zus)	unokahúg	[unokɒhu:g]

schoonmoeder (de)	anyós	[ɒɲø:ʃ]
schoonvader (de)	após	[ɒpo:ʃ]
schoonzoon (de)	vő	[vø:]
stiefmoeder (de)	mostohaanya	[moʃtohɒɒɲɒ]
stiefvader (de)	mostohaapa	[moʃtohɒɒpɒ]

zuigeling (de)	csecsemő	[ʧɛʧɛmø:]
wiegenkind (het)	csecsemő	[ʧɛʧɛmø:]
kleuter (de)	kisgyermek	[kiɟɛrmɛk]

vrouw (de)	feleség	[fɛlɛʃe:g]
man (de)	férj	[fe:rj]
echtgenoot (de)	házastárs	[ha:zɒʃta:rʃ]
echtgenote (de)	hitves	[hitvɛʃ]

gehuwd (mann.)	nős	[nø:ʃ]
gehuwd (vrouw.)	férjnél	[fe:rjne:l]
ongehuwd (mann.)	nőtlen	[nø:tlɛn]
vrijgezel (de)	nőtlen ember	[nø:tlɛn ɛmbɛr]
gescheiden (bn)	elvált	[ɛlva:lt]
weduwe (de)	özvegy	[øzvɛɟ]
weduwnaar (de)	özvegy	[øzvɛɟ]

familielid (het)	rokon	[rokon]
dichte familielid (het)	közeli rokon	[køzɛli rokon]
verre familielid (het)	távoli rokon	[ta:voli rokon]
familieleden (mv.)	rokonok	[rokonok]

wees (de), weeskind (het)	árva	[a:rvɒ]
voogd (de)	gyám	[ɟa:m]
adopteren (een jongen te ~)	örökbe fogad	[ørøkbɛ fogɒd]
adopteren (een meisje te ~)	örökbe fogad	[ørøkbɛ fogɒd]

60. Vrienden. Collega's

vriend (de)	barát	[bɒra:t]
vriendin (de)	barátnő	[bɒra:tnø:]
vriendschap (de)	barátság	[bɒra:ʧa:g]
bevriend zijn (ww)	barátkozik	[bɒra:tkozik]

makker (de)	barát	[bɒra:t]
vriendin (de)	barátnő	[bɒra:tnø:]
partner (de)	partner	[pɒrtnɛr]

| chef (de) | főnök | [fø:nøk] |
| baas (de) | főnök | [fø:nøk] |

ondergeschikte (de)	alárendelt	[ɒlɑ:rɛndɛlt]
collega (de)	kolléga	[kolle:gɒ]
kennis (de)	ismerős	[iʃmɛrø:ʃ]
medereiziger (de)	útitárs	[u:tita:rʃ]
klasgenoot (de)	osztálytárs	[osta:jta:rʃ]
buurman (de)	szomszéd	[somse:d]
buurvrouw (de)	szomszéd	[somse:d]
buren (mv.)	szomszédok	[somse:dok]

MENSELIJK LICHAAM. GENEESKUNDE

61. Hoofd

hoofd (het)	fej	[fɛj]
gezicht (het)	arc	[ɒrts]
neus (de)	orr	[orr]
mond (de)	száj	[saːj]
oog (het)	szem	[sɛm]
ogen (mv.)	szem	[sɛm]
pupil (de)	pupilla	[pupillɒ]
wenkbrauw (de)	szemöldök	[sɛmøldøk]
wimper (de)	szempilla	[sɛmpillɒ]
ooglid (het)	szemhéj	[sɛmheːj]
tong (de)	nyelv	[ɲɛlv]
tand (de)	fog	[fog]
lippen (mv.)	ajak	[ɒjɒk]
jukbeenderen (mv.)	pofacsont	[pofɒtʃont]
tandvlees (het)	íny	[iːɲ]
gehemelte (het)	szájpadlás	[saːjpɒdlaːʃ]
neusgaten (mv.)	orrlyuk	[orrjuk]
kin (de)	áll	[aːll]
kaak (de)	állkapocs	[aːllkɒpotʃ]
wang (de)	orca	[ortsɒ]
voorhoofd (het)	homlok	[homlok]
slaap (de)	halánték	[hɒlaːnteːk]
oor (het)	fül	[fyl]
achterhoofd (het)	tarkó	[tɒrkoː]
hals (de)	nyak	[ɲɒk]
keel (de)	torok	[torok]
haren (mv.)	haj	[hɒj]
kapsel (het)	frizura	[frizurɒ]
haarsnit (de)	hajvágás	[hɒjvaːgaːʃ]
pruik (de)	paróka	[pɒroːkɒ]
snor (de)	bajusz	[bɒjus]
baard (de)	szakáll	[sɒkaːll]
dragen (een baard, enz.)	visel	[viʃɛl]
vlecht (de)	copf	[tsopf]
bakkebaarden (mv.)	pofaszakáll	[pofɒsɒkaːll]
ros (roodachtig, rossig)	vörös hajú	[vørøʃ hɒjuː]
grijs (~ haar)	ősz hajú	[øːs hɒjuː]
kaal (bn)	kopasz	[kopɒs]
kale plek (de)	kopaszság	[kopɒʃaːg]

| paardenstaart (de) | lófarok | [lo:fɒrok] |
| pony (de) | sörény | [ʃøre:ɲ] |

62. Menselijk lichaam

| hand (de) | kéz, kézfej | [ke:z], [ke:sfɛj] |
| arm (de) | kar | [kɒr] |

vinger (de)	ujj	[ujj]
duim (de)	hüvelykujj	[hyvɛjkujj]
pink (de)	kisujj	[kiʃujj]
nagel (de)	köröm	[kørøm]

vuist (de)	ököl	[økøl]
handpalm (de)	tenyér	[tɛne:r]
pols (de)	csukló	[ʧuklo:]
voorarm (de)	alkar	[ɒlkɒr]
elleboog (de)	könyök	[køɲøk]
schouder (de)	váll	[va:ll]

been (rechter ~)	láb	[la:b]
voet (de)	talp	[tɒlp]
knie (de)	térd	[te:rd]
kuit (de)	lábikra	[la:bikrɒ]
heup (de)	csípő	[ʧi:pø:]
hiel (de)	sarok	[ʃɒrok]

lichaam (het)	test	[tɛʃt]
buik (de)	has	[hɒʃ]
borst (de)	mell	[mɛll]
borst (de)	mell	[mɛll]
zijde (de)	oldal	[oldɒl]
rug (de)	hát	[ha:t]
lage rug (de)	derék	[dɛre:k]
taille (de)	derék	[dɛre:k]

navel (de)	köldök	[køldøk]
billen (mv.)	far	[fɒr]
achterwerk (het)	fenék	[fɛne:k]

huidvlek (de)	anyajegy	[ɒɲɒjɛɟ]
tatoeage (de)	tetoválás	[tɛtova:la:ʃ]
litteken (het)	forradás	[forrɒda:ʃ]

63. Ziekten

ziekte (de)	betegség	[bɛtɛgʃe:g]
ziek zijn (ww)	beteg van	[bɛtɛg vɒn]
gezondheid (de)	egészség	[ɛge:ʃe:g]

| snotneus (de) | nátha | [na:thɒ] |
| angina (de) | torokgyulladás | [torokɟyllɒda:ʃ] |

| verkoudheid (de) | megfázás | [mɛgfa:za:ʃ] |
| verkouden raken (ww) | megfázik | [mɛgfa:zik] |

bronchitis (de)	hörghurut	[hørgfurut]
longontsteking (de)	tüdőgyulladás	[tydø:ɟyllɒja:ʃ]
griep (de)	influenza	[influɛnzɒ]

bijziend (bn)	rövidlátó	[røvidla:to:]
verziend (bn)	távollátó	[ta:volla:to:]
scheelheid (de)	kancsalság	[kɒntʃɒlʃa:g]
scheel (bn)	kancsal	[kɒntʃɒl]
grauwe staar (de)	szürke hályog	[syrkɛ ha:jog]
glaucoom (het)	glaukóma	[glɒuko:mɒ]

beroerte (de)	inzultus	[inzultuʃ]
hartinfarct (het)	infarktus	[infɒrktuʃ]
verlamming (de)	bénaság	[be:nɒʃa:g]
verlammen (ww)	megbénít	[mɛgbe:ni:t]

allergie (de)	allergia	[ɒllɛrgiɒ]
astma (de/het)	asztma	[ɒstmɒ]
diabetes (de)	cukorbaj	[tsukorbɒj]

| tandpijn (de) | fogfájás | [fogfa:ja:ʃ] |
| tandbederf (het) | fogszuvasodás | [fogsuvɒʃoda:ʃ] |

diarree (de)	hasmenés	[hɒʃmɛne:ʃ]
constipatie (de)	szorulás	[sorula:ʃ]
maagstoornis (de)	gyomorrontás	[ɟomorronta:ʃ]
voedselvergiftiging (de)	mérgezés	[me:rgɛze:ʃ]
voedselvergiftiging oplopen	mérgezést kap	[me:rgɛze:ʃt kɒp]

artritis (de)	ízületi gyulladás	[i:zylɛti ɟyllɒda:ʃ]
rachitis (de)	angolkór	[ɒŋgolko:r]
reuma (het)	reuma	[rɛumɒ]
arteriosclerose (de)	érelmeszesedés	[e:rɛlmɛsɛʃɛde:ʃ]

gastritis (de)	gyomorhurut	[ɟomorhurut]
blindedarmontsteking (de)	vakbélgyulladás	[vɒkbe:lɟyllɒda:ʃ]
galblaasontsteking (de)	epehólyaggyulladás	[ɛpɛho:jɒgɟyllɒda:ʃ]
zweer (de)	fekély	[fɛke:j]

mazelen (mv.)	kanyaró	[kɒɲɒro:]
rodehond (de)	rózsahimlő	[ro:ʒɒhimlø:]
geelzucht (de)	sárgaság	[ʃa:rgɒʃa:g]
leverontsteking (de)	hepatitisz	[hɛpɒtitis]

schizofrenie (de)	szkizofrénia	[skizofre:niɒ]
dolheid (de)	veszettség	[vɛsɛttʃe:g]
neurose (de)	neurózis	[nɛuro:ziʃ]
hersenschudding (de)	agyrázkódás	[ɒɟra:skoda:ʃ]

kanker (de)	rák	[ra:k]
sclerose (de)	szklerózis	[sklɛro:ziʃ]
multiple sclerose (de)	szklerózis multiplex	[sklɛro:ziʃ multiplɛks]
alcoholisme (het)	alkoholizmus	[ɒlkoholizmuʃ]

alcoholicus (de)	alkoholista	[ɒlkoholiʃtɒ]
syfilis (de)	szifilisz	[sifilis]
AIDS (de)	AIDS	[ɛjds]

tumor (de)	daganat	[dɒgɒnɒt]
koorts (de)	láz	[laːz]
malaria (de)	malária	[mɒlaːriɒ]
gangreen (het)	üszkösödés	[yskøʃøde:ʃ]
zeeziekte (de)	tengeribetegség	[tɛngɛribɛtɛgʃeːg]
epilepsie (de)	epilepszia	[ɛpilɛpsiɒ]

epidemie (de)	járvány	[jaːrvaːɲ]
tyfus (de)	tífusz	[tiːfus]
tuberculose (de)	tuberkulózis	[tubɛrkuloːziʃ]
cholera (de)	kolera	[kolɛrɒ]
pest (de)	pestis	[pɛʃtiʃ]

64. Symptomen. Behandelingen. Deel 1

symptoom (het)	tünet	[tynɛt]
temperatuur (de)	láz	[laːz]
verhoogde temperatuur (de)	magas láz	[mɒgɒʃ laːz]
polsslag (de)	pulzus	[pulzuʃ]

duizeling (de)	szédülés	[seːdyleːʃ]
heet (erg warm)	forró	[forroː]
koude rillingen (mv.)	hidegrázás	[hidɛgraːzaːʃ]
bleek (bn)	sápadt	[ʃaːpɒtt]

hoest (de)	köhögés	[køhøgeːʃ]
hoesten (ww)	köhög	[køhøg]
niezen (ww)	tüsszent	[tyssɛnt]
flauwte (de)	ájulás	[aːjulaːʃ]
flauwvallen (ww)	elájul	[ɛlaːjul]

blauwe plek (de)	kék folt	[keːk folt]
buil (de)	dudor	[dudor]
zich stoten (ww)	nekiütődik	[nɛkiytøːdik]
kneuzing (de)	ütés	[yteːʃ]
kneuzen (gekneusd zijn)	megüti magát	[mɛgyti mɒgaːt]

hinken (ww)	sántít	[ʃaːntiːt]
verstuiking (de)	ficam	[fitsɒm]
verstuiken (enkel, enz.)	kificamít	[kifitsɒmiːt]
breuk (de)	törés	[tøreːʃ]
een breuk oplopen	eltör	[ɛltør]

snijwond (de)	vágás	[vaːgaːʃ]
zich snijden (ww)	megvágja magát	[mɛgvaːgjɒ mɒgaːt]
bloeding (de)	vérzés	[veːrzeːʃ]

brandwond (de)	égési seb	[eːgeːʃi ʃɛb]
zich branden (ww)	megégeti magát	[mɛgeːgɛti mɒgaːt]
prikken (ww)	megszúr	[mɛgsuːr]

zich prikken (ww)	megszúrja magát	[mɛgsu:rjɔ mɔga:t]
blesseren (ww)	megsért	[mɛgʃe:rt]
blessure (letsel)	sérülés	[ʃe:ryle:ʃ]
wond (de)	seb	[ʃɛb]
trauma (het)	sérülés	[ʃe:ryle:ʃ]

ijlen (ww)	félrebeszél	[fe:lrɛbɛse:l]
stotteren (ww)	dadog	[dɔdog]
zonnesteek (de)	napszúrás	[nɒpsu:ra:ʃ]

65. Symptomen. Behandelingen. Deel 2

| pijn (de) | fájdalom | [fa:jdɒlom] |
| splinter (de) | szálka | [sa:lkɒ] |

zweet (het)	veríték	[vɛri:te:k]
zweten (ww)	izzad	[izzɒd]
braking (de)	hányás	[ha:ɲa:ʃ]
stuiptrekkingen (mv.)	görcs	[gørtʃ]

zwanger (bn)	terhes	[tɛrhɛʃ]
geboren worden (ww)	születik	[sylɛtik]
geboorte (de)	szülés	[syle:ʃ]
baren (ww)	szül	[syl]
abortus (de)	magzatelhajtás	[mɒgzɒtɛlhɔjta:ʃ]

ademhaling (de)	lélegzés	[le:lɛgze:ʃ]
inademing (de)	belégzés	[bɛle:gze:ʃ]
uitademing (de)	kilégzés	[kile:gze:ʃ]

| uitademen (ww) | kilélegzik | [kile:lɛgzik] |
| inademen (ww) | belélegzik | [bɛle:lɛgzik] |

invalide (de)	rokkant	[rokkɒnt]
gehandicapte (de)	nyomorék	[ɲomore:k]
drugsverslaafde (de)	narkós	[nɒrko:ʃ]

doof (bn)	süket	[ʃykɛt]
stom (bn)	néma	[ne:mɒ]
doofstom (bn)	süketnéma	[ʃykɛtne:mɒ]

| krankzinnig (bn) | őrült | [ø:rylt] |
| krankzinnig worden | megőrül | [mɛgø:ryl] |

| gen (het) | gén | [ge:n] |
| immuniteit (de) | immunitás | [immunita:ʃ] |

| erfelijk (bn) | örökölt | [ørøkølt] |
| aangeboren (bn) | veleszületett | [vɛlɛʃsylɛtɛtt] |

virus (het)	vírus	[vi:ruʃ]
microbe (de)	mikroba	[mikrobɒ]
bacterie (de)	baktérium	[bɒkte:rium]
infectie (de)	fertőzés	[fɛrtø:zo:ʃ]

66. Symptomen. Behandelingen. Deel 3

ziekenhuis (het)	kórház	[ko:rha:z]
patiënt (de)	beteg	[bɛtɛg]

diagnose (de)	diagnózis	[diɒgno:ziʃ]
genezing (de)	gyógyítás	[ɟøːɟiːtaːʃ]
medische behandeling (de)	kezelés	[kɛzɛleːʃ]
onder behandeling zijn	gyógyul	[ɟøːɟyl]
zorgen (zieken ~)	ápol	[a:pol]
ziekenzorg (de)	ápolás	[a:pola:ʃ]

operatie (de)	műtét	[my:te:t]
verbinden (een arm ~)	beköt	[bɛkøt]
verband (het)	bekötés	[bɛkøte:ʃ]

vaccin (het)	oltás	[olta:ʃ]
inenten (vaccineren)	beolt	[bɛolt]
injectie (de)	injekció	[iɲɛktsio:]
een injectie geven	injekciót ad	[iɲɛktsio:t ɒd]

aanval (de)	roham	[rohɒm]
amputatie (de)	amputálás	[ɒmputa:la:ʃ]
amputeren (ww)	csonkol	[ʧoŋkol]
coma (het)	kóma	[ko:mɒ]
in coma liggen	kómában van	[ko:ma:bɒn vɒn]
intensieve zorg, ICU (de)	reanimáció	[rɛɒnima:tsio:]

zich herstellen (ww)	felgyógyul	[fɛlɟøːɟyl]
toestand (de)	állapot	[a:llɒpot]
bewustzijn (het)	eszmélet	[ɛsme:lɛt]
geheugen (het)	emlékezet	[ɛmle:kɛzɛt]

trekken (een kies ~)	húz	[hu:z]
vulling (de)	fogtömés	[fogtøme:ʃ]
vullen (ww)	fogat betöm	[fogɒt bɛtøm]

hypnose (de)	hipnózis	[hipno:ziʃ]
hypnotiseren (ww)	hipnotizál	[hipnotiza:l]

67. Geneeskunde. Medicijnen. Accessoires

geneesmiddel (het)	gyógyszer	[ɟøːɟsɛr]
middel (het)	orvosság	[orvoʃa:g]
voorschrijven (ww)	felír	[fɛli:r]
recept (het)	recept	[rɛtsɛpt]

tablet (de/het)	tabletta	[tɒblɛttɒ]
zalf (de)	kenőcs	[kɛnø:ʧ]
ampul (de)	ampulla	[ɒmpullɒ]
drank (de)	gyógyszerkeverék	[ɟøːɟsɛr kɛvɛre:k]
siroop (de)	szirup	[sirup]
pil (de)	pirula	[pirulɒ]

poeder (de/het)	por	[por]
verband (het)	kötés	[køte:ʃ]
watten (mv.)	vatta	[vɒttɒ]
jodium (het)	jódtinktúra	[jo:ttiŋktu:rɒ]

pleister (de)	ragtapasz	[rɒgtopɒs]
pipet (de)	pipetta	[pipɛttɒ]
thermometer (de)	hőmérő	[hø:me:rø:]
spuit (de)	fecskendő	[fɛtʃkɛndø:]

| rolstoel (de) | tolószék | [tolo:se:k] |
| krukken (mv.) | mankók | [mɒŋko:k] |

pijnstiller (de)	fájdalomcsillapító	[fa:jdɒlomtʃillɒpi:to:]
laxeermiddel (het)	hashajtó	[hɒʃhɒjto:]
spiritus (de)	szesz	[sɛs]
medicinale kruiden (mv.)	fű	[fy:]
kruiden- (abn)	fű	[fy:]

APPARTEMENT

68. Appartement

appartement (het)	lakás	[lɒka:ʃ]
kamer (de)	szoba	[sobɒ]
slaapkamer (de)	hálószoba	[ha:lo:sobɒ]
eetkamer (de)	ebédlő	[ɛbe:dlø:]
salon (de)	nappali	[nɒppɒli]
studeerkamer (de)	dolgozószoba	[dolgozo:sobɒ]
gang (de)	előszoba	[ɛlø:sobɒ]
badkamer (de)	fürdőszoba	[fyrdø:sobɒ]
toilet (het)	vécé	[ve:tse:]
plafond (het)	mennyezet	[mɛɲɲɛzɛt]
vloer (de)	padló	[pɒdlo:]
hoek (de)	sarok	[ʃɒrok]

69. Meubels. Interieur

meubels (mv.)	bútor	[bu:tor]
tafel (de)	asztal	[ɒstɒl]
stoel (de)	szék	[se:k]
bed (het)	ágy	[a:ɟ]
bankstel (het)	dívány	[di:va:ɲ]
fauteuil (de)	fotel	[fotɛl]
boekenkast (de)	könyvszekrény	[køɲvsɛkre:ɲ]
boekenrek (het)	könyvpolc	[køɲvpolts]
kledingkast (de)	ruhaszekrény	[ruhɒ sɛkre:ɲ]
kapstok (de)	ruhatartó	[ruhɒtɒrto:]
staande kapstok (de)	fogas	[fogɒʃ]
commode (de)	komód	[komo:d]
salontafeltje (het)	dohányzóasztal	[doha:ɲzo:ɒstɒl]
spiegel (de)	tükör	[tykør]
tapijt (het)	szőnyeg	[sø:nɛg]
tapijtje (het)	kis szőnyeg	[kiʃ sø:nɛg]
haard (de)	kandalló	[kɒndɒllo:]
kaars (de)	gyertya	[ɟɛrcɒ]
kandelaar (de)	gyertyatartó	[ɟɛrcɒtɒrto:]
gordijnen (mv.)	függöny	[fyggøɲ]
behang (het)	tapéta	[tɒpe:tɒ]

jaloezie (de)	redőny	[rɛdø:ɲ]
bureaulamp (de)	asztali lámpa	[ɒstɒli la:mpɒ]
wandlamp (de)	lámpa	[la:mpɒ]
staande lamp (de)	állólámpa	[a:llo:la:mpɒ]
luchter (de)	csillár	[ʧilla:r]

poot (ov. een tafel, enz.)	láb	[la:b]
armleuning (de)	kartámla	[kɒrta:mlɒ]
rugleuning (de)	támla	[ta:mlɒ]
la (de)	fiók	[fio:k]

70. Beddengoed

beddengoed (het)	ágynemű	[a:ɟnɛmy:]
kussen (het)	párna	[pa:rnɒ]
kussenovertrek (de)	párnahuzat	[pa:rnɒhuzɒt]
deken (de)	takaró	[tɒkɒro:]
laken (het)	lepedő	[lɛpɛdø:]
sprei (de)	takaró	[tɒkɒro:]

71. Keuken

keuken (de)	konyha	[koɲhɒ]
gas (het)	gáz	[ga:z]
gasfornuis (het)	gáztűzhely	[ga:zty:zhɛj]
elektrisch fornuis (het)	elektromos tűzhely	[ɛlɛktromoʃ ty:shɛj]
oven (de)	sütő	[ʃytø:]
magnetronoven (de)	mikrohullámú sütő	[mikrohulla:mu: ʃytø:]

koelkast (de)	hűtőszekrény	[hy:tø:sɛkre:ɲ]
diepvriezer (de)	fagyasztóláda	[fɒɟɒsto:la:dɒ]
vaatwasmachine (de)	mosogatógép	[moʃogɒto:ge:p]

vleesmolen (de)	húsdaráló	[hu:ʃdɒra:lo:]
vruchtenpers (de)	gyümölcscentrifuga	[ɟymølʧ tsɛntrifugɒ]
toaster (de)	kenyérpirító	[kɛne:rpiri:to:]
mixer (de)	turmixgép	[turmiksge:p]

koffiemachine (de)	kávéfőző	[ka:ve:fø:zø:]
koffiepot (de)	kávéskanna	[ka:ve:ʃkɒnnɒ]
koffiemolen (de)	kávéőrlő	[ka:ve:ø:rlø:]

fluitketel (de)	kanna	[kɒnnɒ]
theepot (de)	teáskanna	[tɛa:ʃkɒnnɒ]
deksel (de/het)	fedél	[fɛde:l]
theezeefje (het)	szűrő	[sy:rø:]

lepel (de)	kanál	[kɒna:l]
theelepeltje (het)	teáskanál	[tɛa:ʃkɒna:l]
eetlepel (de)	evőkanál	[ɛvø:kɒna:l]
vork (de)	villa	[villɒ]
mes (het)	kés	[ke:ʃ]

vaatwerk (het)	edény	[ɛdeːɲ]
bord (het)	tányér	[taːneːr]
schoteltje (het)	csészealj	[ʧeːsɛɒj]

likeurglas (het)	kupica	[kupitsɒ]
glas (het)	pohár	[pohaːr]
kopje (het)	csésze	[ʧeːsɛ]

suikerpot (de)	cukortartó	[tsukortɒrtoː]
zoutvat (het)	sótartó	[ʃoːtɒrtoː]
pepervat (het)	borstartó	[borʃtɒrtoː]
boterschaaltje (het)	vajtartó	[vɒj tɒrtoː]

pan (de)	lábas	[laːboʃ]
bakpan (de)	serpenyő	[ʃɛrpɛɲøː]
pollepel (de)	merőkanál	[mɛrøːkɒnaːl]
vergiet (de/het)	tésztaszűrő	[teːstɒsyːrøː]
dienblad (het)	tálca	[taːltsɒ]

fles (de)	palack, üveg	[pɒlɒsk], [yvɛg]
glazen pot (de)	befőttes üveg	[bɛføːtɛs yvɛg]
blik (conserven~)	bádogdoboz	[baːdogdoboz]

flesopener (de)	üvegnyitó	[yvɛg ɲitoː]
blikopener (de)	konzervnyitó	[konzɛrv ɲitoː]
kurkentrekker (de)	dugóhúzó	[dugoːhuːzoː]
filter (de/het)	filter	[filtɛr]
filteren (ww)	szűr	[syːr]

| huisvuil (het) | szemét | [sɛmeːt] |
| vuilnisemmer (de) | kuka | [kukɒ] |

72. Badkamer

badkamer (de)	fürdőszoba	[fyrdøːsobɒ]
water (het)	víz	[viːz]
kraan (de)	csap	[ʧɒp]
warm water (het)	meleg víz	[mɛlɛg viːz]
koud water (het)	hideg víz	[hidɛg viːz]

| tandpasta (de) | fogkrém | [fogkreːm] |
| tanden poetsen (ww) | fogat mos | [fogɒt moʃ] |

zich scheren (ww)	borotválkozik	[borotvaːlkozik]
scheercrème (de)	borotvahab	[borotvɒhɒb]
scheermes (het)	borotva	[borotvɒ]

wassen (ww)	mos	[moʃ]
een bad nemen	mosakodik	[moʃɒkodik]
douche (de)	zuhany	[zuhɒɲ]
een douche nemen	zuhanyozik	[zuhɒɲozik]

| bad (het) | fürdőkád | [fyrdøːkaːd] |
| toiletpot (de) | vécékagyló | [veːtse: koɟloː] |

wastafel (de)	mosdókagyló	[moʒdoːkɔɟloː]
zeep (de)	szappan	[sɒppɒn]
zeepbakje (het)	szappantartó	[sɒppɒntɔrtoː]

spons (de)	szivacs	[sivɒtʃ]
shampoo (de)	sampon	[ʃɒmpon]
handdoek (de)	törülköző	[tørylkøzøː]
badjas (de)	köntös	[køntøʃ]

was (bijv. handwas)	mosás	[moʃaːʃ]
wasmachine (de)	mosógép	[moʃoːgeːp]
de was doen	ruhát mos	[ruhaːt moʃ]
waspoeder (de)	mosópor	[moʃoːpor]

73. Huishoudelijke apparaten

televisie (de)	televízió	[tɛlɛviːzioː]
cassettespeler (de)	magnó	[mɒgnoː]
videorecorder (de)	videomagnó	[vidɛomɒgnoː]
radio (de)	vevőkészülék	[vɛvøːkeːsyleːk]
speler (de)	sétálómagnó	[ʃeːtaːloː mɒgnoː]

videoprojector (de)	videovetítő	[vidɛovɛtiːtøː]
home theater systeem (het)	házimozi	[haːzimozi]
DVD-speler (de)	DVDlejátszó	[dɛvɛdɛlɛjaːtsoː]
versterker (de)	erősítő	[ɛrøːʃiːtøː]
spelconsole (de)	videojáték	[vidɛojaːteːk]

videocamera (de)	videokamera	[vidɛokɒmɛrɒ]
fotocamera (de)	fényképezőgép	[feːɲkeːpɛzøːgeːp]
digitale camera (de)	digitális fényképezőgép	[digitaːliʃ feːɲke:pɛzøːge:p]

stofzuiger (de)	porszívó	[porsiːvoː]
strijkijzer (het)	vasaló	[vɒʃɒloː]
strijkplank (de)	vasalódeszka	[vɒʃɒloːdɛskɒ]

telefoon (de)	telefon	[tɛlɛfon]
mobieltje (het)	mobiltelefon	[mobiltɛlɛfon]
schrijfmachine (de)	írógép	[iːroːgeːp]
naaimachine (de)	varrógép	[vɒrroːgeːp]

microfoon (de)	mikrofon	[mikrofon]
koptelefoon (de)	fejhallgató	[fɛlhɒllgɒtoː]
afstandsbediening (de)	távkapcsoló	[taːv kɒptʃoloː]

CD (de)	CDlemez	[tsɛdɛlɛmɛz]
cassette (de)	kazetta	[kɒzɛttɒ]
vinylplaat (de)	lemez	[lɛmɛz]

DE AARDE. WEER

74. De kosmische ruimte

kosmos (de)	világűr	[vila:gy:r]
kosmisch (bn)	űr	[y:r]
kosmische ruimte (de)	világűr	[vila:gy:r]
wereld (de)	világmindenség	[vila:g mindɛnʃe:g]
heelal (het)	világegyetem	[vila:gɛɟɛtɛm]
sterrenstelsel (het)	galaxis	[gɒlɒksis]
ster (de)	csillag	[ʧillɒg]
sterrenbeeld (het)	csillagzat	[ʧillɒgzɒt]
planeet (de)	bolygó	[bojgo:]
satelliet (de)	műhold	[my:hold]
meteoriet (de)	meteorit	[mɛtɛorit]
komeet (de)	üstökös	[yʃtøkøʃ]
asteroïde (de)	aszteroida	[ɒstɛroidɒ]
baan (de)	égitest pályája	[e:gitɛʃt pa:ja:jɒ]
draaien (om de zon, enz.)	kering	[kɛriŋg]
atmosfeer (de)	légkör	[le:gkør]
Zon (de)	a Nap	[ɒ nɒp]
zonnestelsel (het)	naprendszer	[nɒprɛndsɛr]
zonsverduistering (de)	napfogyatkozás	[nɒpfoɟotkoza:ʃ]
Aarde (de)	a Föld	[ɒ føld]
Maan (de)	a Hold	[ɒ hold]
Mars (de)	Mars	[mɒrʃ]
Venus (de)	Vénusz	[ve:nus]
Jupiter (de)	Jupiter	[jupitɛr]
Saturnus (de)	Szaturnusz	[sɒturnus]
Mercurius (de)	Merkúr	[mɛrkur]
Uranus (de)	Uranus	[urɒnuʃ]
Neptunus (de)	Neptunusz	[nɛptunus]
Pluto (de)	Plútó	[plu:to:]
Melkweg (de)	Tejút	[tɛju:t]
Grote Beer (de)	Göncölszekér	[gøntsølsɛke:r]
Poolster (de)	Sarkcsillag	[ʃɒrkʧillɒg]
marsmannetje (het)	marslakó	[mɒrʃlɒko:]
buitenaards wezen (het)	földönkívüli	[føldønki:vyli]
bovenaards (het)	űrlény	[y:rle:ɲ]

vliegende schotel (de)	ufó	[ufo:]
ruimtevaartuig (het)	űrhajó	[y:rhɔjo:]
ruimtestation (het)	orbitális űrállomás	[orbita:liʃ y:ra:lloma:ʃ]
start (de)	rajt	[rɔjt]

motor (de)	hajtómű	[hɔjto:my:]
straalpijp (de)	fúvóka	[fu:vo:kɒ]
brandstof (de)	fűtőanyag	[fy:tø:ɒɲɒg]

cabine (de)	fülke	[fylkɛ]
antenne (de)	antenna	[ɒntɛnnɒ]

patrijspoort (de)	hajóablak	[hɔjo:ɒblɒk]
zonnebatterij (de)	napelem	[nɒpɛlɛm]
ruimtepak (het)	űrhajósruha	[y:rhɔjo:ʃ ruhɒ]

gewichtloosheid (de)	súlytalanság	[ʃu:jtɒlɒnʃa:g]
zuurstof (de)	oxigén	[oksige:n]

koppeling (de)	összekapcsolás	[øssɛkɒptʃola:ʃ]
koppeling maken	összekapcsol	[øssɛkɒptʃol]

observatorium (het)	csillagvizsgáló	[tʃillɒgviʒga:lo:]
telescoop (de)	távcső	[ta:vtʃø:]

waarnemen (ww)	figyel	[fiɟɛl]
exploreren (ww)	kutat	[kutɒt]

75. De Aarde

Aarde (de)	a Föld	[ɒ føld]
aardbol (de)	földgolyó	[føldgojo:]
planeet (de)	bolygó	[bojgo:]

atmosfeer (de)	légkör	[le:gkør]
aardrijkskunde (de)	földrajz	[føldrɒjz]
natuur (de)	természet	[tɛrme:sɛt]

wereldbol (de)	földgömb	[føldgomb]
kaart (de)	térkép	[te:rke:p]
atlas (de)	atlasz	[ɒtlɒs]

Europa (het)	Európa	[ɛuro:pɒ]
Azië (het)	Ázsia	[a:ʒiɒ]

Afrika (het)	Afrika	[ɒfrikɒ]
Australië (het)	Ausztrália	[ɒustra:liɒ]

Amerika (het)	Amerika	[ɒmɛrikɒ]
Noord-Amerika (het)	ÉszakAmerika	[e:sɒkɒmɛrikɒ]
Zuid-Amerika (het)	DélAmerika	[de:lɒmɛrikɒ]

Antarctica (het)	Antarktisz	[ɒntorktis]
Arctis (de)	Arktisz	[ɒrktis]

77

76. Windrichtingen

noorden (het)	észak	[e:sɒk]
naar het noorden	északra	[e:sɒkrɒ]
in het noorden	északon	[e:sɒkon]
noordelijk (bn)	északi	[e:sɒki]
zuiden (het)	dél	[de:l]
naar het zuiden	délre	[de:lrɛ]
in het zuiden	délen	[de:lɛn]
zuidelijk (bn)	déli	[de:li]
westen (het)	nyugat	[ɲugɒt]
naar het westen	nyugatra	[ɲugɒtrɒ]
in het westen	nyugaton	[ɲugɒton]
westelijk (bn)	nyugati	[ɲugɒti]
oosten (het)	kelet	[kɛlɛt]
naar het oosten	keletre	[kɛlɛtrɛ]
in het oosten	keleten	[kɛlɛtɛn]
oostelijk (bn)	keleti	[kɛlɛti]

77. Zee. Oceaan

zee (de)	tenger	[tɛŋgɛr]
oceaan (de)	óceán	[o:tsɛa:n]
golf (baai)	öböl	[øbøl]
straat (de)	tengerszoros	[tɛŋgɛrsoroʃ]
continent (het)	földrész	[føldre:s]
eiland (het)	sziget	[sigɛt]
schiereiland (het)	félsziget	[fe:lsigɛt]
archipel (de)	szigetcsoport	[sigɛtʃoport]
baai, bocht (de)	öböl	[øbøl]
haven (de)	rév	[re:v]
lagune (de)	lagúna	[lɒgu:nɒ]
kaap (de)	fok	[fok]
atol (de)	atoll	[ɒtoll]
rif (het)	szirt	[sirt]
koraal (het)	korall	[korɒll]
koraalrif (het)	korallszirt	[korɒllsirt]
diep (bn)	mély	[me:j]
diepte (de)	mélység	[me:jʃe:g]
diepzee (de)	abisszikus	[abissikus]
trog (bijv. Marianentrog)	mélyedés	[me:jɛde:ʃ]
stroming (de)	folyás	[foja:ʃ]
omspoelen (ww)	körülvesz	[kørylvɛs]
oever (de)	part	[pɒrt]
kust (de)	part	[pɒrt]

vloed (de)	dagály	[dɒga:j]
eb (de)	apály	[ɒpa:j]
ondiepte (ondiep water)	zátony	[za:toɲ]
bodem (de)	alj	[ɒj]

golf (hoge ~)	hullám	[hulla:m]
golfkam (de)	taraj	[tɒrɒj]
schuim (het)	hab	[hɒb]

orkaan (de)	orkán	[orka:n]
tsunami (de)	szökőár	[søkø:a:r]
windstilte (de)	szélcsend	[se:ltʃɛnd]
kalm (bijv. ~e zee)	csendes	[tʃɛndɛʃ]

| pool (de) | sark | [ʃɒrk] |
| polair (bn) | sarki | [ʃɒrki] |

breedtegraad (de)	szélesség	[se:lɛʃe:g]
lengtegraad (de)	hosszúság	[hossu:ʃa:g]
parallel (de)	szélességi kör	[se:lɛʃe:gi kør]
evenaar (de)	egyenlítő	[ɛɟɛnli:tø:]

hemel (de)	ég	[e:g]
horizon (de)	látóhatár	[la:to:hɒta:r]
lucht (de)	levegő	[lɛvɛgø:]

vuurtoren (de)	világítótorony	[vila:gi:to:toroɲ]
duiken (ww)	lemerül	[lɛmɛryl]
zinken (ov. een boot)	elsüllyed	[ɛlʃyj:ɛd]
schatten (mv.)	kincsek	[kintʃɛk]

78. Namen van zeeën en oceanen

Atlantische Oceaan (de)	Atlantióceán	[ɒtlɒntio:tsɛa:n]
Indische Oceaan (de)	Indiaióceán	[indiɒio:tsɛa:n]
Stille Oceaan (de)	Csendesóceán	[tʃɛndɛʃo:tsɛa:n]
Noordelijke IJszee (de)	Északisarkióceán	[e:sɒkiʃɒrkio:tsɛa:n]

Zwarte Zee (de)	Feketetenger	[fɛkɛtɛtɛŋgɛr]
Rode Zee (de)	Vöröstenger	[vørøʃtɛŋgɛr]
Gele Zee (de)	Sárgatenger	[ʃa:rgɒtɛŋgɛr]
Witte Zee (de)	Fehértenger	[fɛhe:rtɛŋgɛr]

Kaspische Zee (de)	Kaszpitenger	[kɒspitɛŋgɛr]
Dode Zee (de)	Holttenger	[holttɛŋgɛr]
Middellandse Zee (de)	Földközitenger	[føldkøzitɛŋgɛr]

| Egeïsche Zee (de) | Égeitenger | [e:gɛitɛŋgɛr] |
| Adriatische Zee (de) | Adriaitenger | [ɒdriɒitɛŋgɛr] |

Arabische Zee (de)	Arabtenger	[ɒrɒbtɛŋgɛr]
Japanse Zee (de)	Japántenger	[jɒpa:ntɛŋgɛr]
Beringzee (de)	Beringtenger	[bɛriŋtɛŋgɛr]
Zuid-Chinese Zee (de)	Délkínaitenger	[de:lki:nɒitɛŋgɛr]

Koraalzee (de)	Koralltenger	[korɒlltɛŋgɛr]
Tasmanzee (de)	Tasmántenger	[tɒsma:ntɛŋgɛr]
Caribische Zee (de)	Karibtenger	[kɒribtɛŋgɛr]

| Barentszzee (de) | Barentstenger | [bɒrɛntʃtɛŋgɛr] |
| Karische Zee (de) | Karatenger | [kɒrɒtɛŋgɛr] |

Noordzee (de)	Északitenger	[e:sɒkitɛŋgɛr]
Baltische Zee (de)	Baltitenger	[bɒltitɛŋgɛr]
Noorse Zee (de)	Norvégtenger	[norve:gtɛŋgɛr]

79. Bergen

berg (de)	hegy	[hɛɟ]
bergketen (de)	hegylánc	[hɛɟla:nts]
gebergte (het)	hegygerinc	[hɛɟgɛrints]

bergtop (de)	csúcs	[tʃu:tʃ]
bergpiek (de)	hegyfok	[hɛɟfok]
voet (ov. de berg)	láb	[la:b]
helling (de)	lejtő	[lɛjtø:]

vulkaan (de)	vulkán	[vulka:n]
actieve vulkaan (de)	működő vulkán	[mykødø: vulka:n]
uitgedoofde vulkaan (de)	kialudt vulkán	[kiɒlutt vulka:n]

uitbarsting (de)	kitörés	[kitøre:ʃ]
krater (de)	vulkántölcsér	[vulka:ntøltʃe:r]
magma (het)	magma	[mɒgmɒ]
lava (de)	láva	[la:vɒ]
gloeiend (~e lava)	izzó	[izzo:]

kloof (canyon)	kanyon	[kɒɲon]
bergkloof (de)	hegyszoros	[hɛɟsoroʃ]
spleet (de)	hasadék	[hɒʃode:k]

bergpas (de)	hágó	[ha:go:]
plateau (het)	fennsík	[fɛnnʃi:k]
klip (de)	szikla	[siklɒ]
heuvel (de)	domb	[domb]

gletsjer (de)	gleccser	[glɛtʃɛr]
waterval (de)	vízesés	[vi:zɛʃe:ʃ]
geiser (de)	szökőforrás	[søkø:forra:ʃ]
meer (het)	tó	[to:]

vlakte (de)	síkság	[ʃi:kʃa:g]
landschap (het)	táj	[ta:j]
echo (de)	visszhang	[visshɒŋg]

alpinist (de)	alpinista	[ɒlpiniʃtɒ]
bergbeklimmer (de)	sziklamászó	[siklɒ ma:so:]
trotseren (berg ~)	meghódít	[mɛgho:di:t]
beklimming (de)	megmászás	[mɛgma:sa:ʃ]

80. Bergen namen

Alpen (de)	Alpok	[ɒlpok]
Mont Blanc (de)	Mont Blanc	[mont blɒn]
Pyreneeën (de)	Pireneusok	[pirɛnɛuʃok]
Karpaten (de)	Kárpátok	[ka:rpa:tok]
Oeralgebergte (het)	Urál hegység	[ura:l hɛɟʃe:g]
Kaukasus (de)	Kaukázus	[kɒuka:zuʃ]
Elbroes (de)	Elbrusz	[ɛlbrus]
Altaj (de)	Altaj hegység	[ɒltɒj hɛɟʃe:g]
Tiensjan (de)	Tiensan	[tjanʃan]
Pamir (de)	Pamír	[pɒmi:r]
Himalaya (de)	Himalája	[himɒla:jɒ]
Everest (de)	Everest	[ɛvɛrɛst]
Andes (de)	Andok	[ɒndok]
Kilimanjaro (de)	Kilimandzsáró	[kilimɒndʒa:ro:]

81. Rivieren

rivier (de)	folyó	[fojo:]
bron (~ van een rivier)	forrás	[forra:ʃ]
rivierbedding (de)	meder	[mɛdɛr]
rivierbekken (het)	medence	[mɛdɛntsɛ]
uitmonden in …	befolyik	[bɛfojik]
zijrivier (de)	mellékfolyó	[mɛlle:kfojo:]
oever (de)	part	[pɒrt]
stroming (de)	folyás	[foja:ʃ]
stroomafwaarts (bw)	folyón lefelé	[fojo:n lɛfɛle:]
stroomopwaarts (bw)	folyón fölfelé	[fojo:n følfɛle:]
overstroming (de)	árvíz	[a:rvi:z]
overstroming (de)	áradás	[a:rɒda:ʃ]
buiten zijn oevers treden	kiárad	[kia:rɒd]
overstromen (ww)	eláraszt	[ɛla:rɒst]
zandbank (de)	zátony	[za:toɲ]
stroomversnelling (de)	zuhogó	[zuhogo:]
dam (de)	gát	[ga:t]
kanaal (het)	csatorna	[tʃɒtornɒ]
spaarbekken (het)	víztároló	[vi:zta:rolo:]
sluis (de)	zsilip	[ʒilip]
waterlichaam (het)	vizek	[vizɛk]
moeras (het)	mocsár	[motʃa:r]
broek (het)	ingovány	[iŋgova:ɲ]
draaikolk (de)	forgatag	[forgɒtɒg]
stroom (de)	patak	[pɒtɒk]

| drink- (abn) | iható | [ihɒto:] |
| zoet (~ water) | édesvízi | [e:dɛʃvi:zi] |

| ijs (het) | jég | [je:g] |
| bevriezen (rivier, enz.) | befagy | [bɛfɒɟ] |

82. Namen van rivieren

| Seine (de) | Szajna | [sɒjnɒ] |
| Loire (de) | Loire | [luɒr] |

Theems (de)	Temze	[tɛmzɛ]
Rijn (de)	Rajna	[rɒjnɒ]
Donau (de)	Duna	[dunɒ]

Wolga (de)	Volga	[volgɒ]
Don (de)	Don	[don]
Lena (de)	Léna	[le:nɒ]

Gele Rivier (de)	Sárgafolyó	[ʃa:rgɒfojo:]
Blauwe Rivier (de)	Jangce	[jɒŋgtsɛ]
Mekong (de)	Mekong	[mɛkoŋg]
Ganges (de)	Gangesz	[gɒŋgɛs]

Nijl (de)	Nílus	[ni:luʃ]
Kongo (de)	Kongó	[koŋgo:]
Okavango (de)	Okavango	[okɒvɒŋgo]
Zambezi (de)	Zambézi	[zɒmbe:zi]
Limpopo (de)	Limpopo	[limpopo]
Mississippi (de)	Mississippi	[mississippi]

83. Bos

| bos (het) | erdő | [ɛrdø:] |
| bos- (abn) | erdő | [ɛrdø:] |

oerwoud (dicht bos)	sűrűség	[ʃy:ry:ʃe:g]
bosje (klein bos)	erdőcske	[ɛrdø:tʃkɛ]
open plek (de)	tisztás	[tista:ʃ]

| struikgewas (het) | bozót | [bozo:t] |
| struiken (mv.) | cserje | [tʃɛrjɛ] |

| paadje (het) | gyalogút | [ɟologu:t] |
| ravijn (het) | vízmosás | [vi:zmoʃa:ʃ] |

boom (de)	fa	[fɒ]
blad (het)	levél	[lɛve:l]
gebladerte (het)	lomb	[lomb]

| vallende bladeren (mv.) | lombhullás | [lombhulla:ʃ] |
| vallen (ov. de bladeren) | lehull | [lɛhull] |

boomtop (de)	tető	[tɛtø:]
tak (de)	ág	[a:g]
ent (de)	ág	[a:g]
knop (de)	rügy	[ryɟ]
naald (de)	tűlevél	[ty:lɛve:l]
dennenappel (de)	toboz	[toboz]

boom holte (de)	odú	[odu:]
nest (het)	fészek	[fe:sɛk]
hol (het)	üreg	[yrɛg]

stam (de)	törzs	[tørʒ]
wortel (bijv. boom~s)	gyökér	[ɟøke:r]
schors (de)	kéreg	[ke:rɛg]
mos (het)	moha	[mohɒ]

ontwortelen (een boom)	kiás	[kia:ʃ]
kappen (een boom ~)	irt	[irt]
ontbossen (ww)	irt	[irt]
stronk (de)	tönk	[tøŋk]

kampvuur (het)	tábortűz	[ta:borty:z]
bosbrand (de)	erdőtűz	[ɛrdø:ty:z]
blussen (ww)	olt	[olt]

boswachter (de)	erdész	[ɛrde:s]
bescherming (de)	őrzés	[ø:rze:ʃ]
beschermen (bijv. de natuur ~)	őriz	[ø:riz]
stroper (de)	vadorzó	[vɒdorzo:]
val (de)	csapda	[ʧɒbdɒ]

plukken (paddestoelen ~)	gombázik	[gomba:zik]
plukken (bessen ~)	szed	[sɛd]
verdwalen (de weg kwijt zijn)	eltéved	[ɛlte:vɛd]

84. Natuurlijke hulpbronnen

natuurlijke rijkdommen (mv.)	természeti kincsek	[tɛrme:sɛti kinʧɛk]
delfstoffen (mv.)	ásványkincsek	[a:ʃva:ɲ kinʧɛk]
lagen (mv.)	rétegek	[re:tɛgɛk]
veld (bijv. olie~)	lelőhely	[lɛlø:hɛj]

winnen (uit erts ~)	kitermel	[kitɛrmɛl]
winning (de)	kitermelés	[kitɛrmɛle:ʃ]
erts (het)	érc	[e:rts]
mijn (bijv. kolenmijn)	bánya	[ba:ɲɒ]
mijnschacht (de)	akna	[ɒknɒ]
mijnwerker (de)	bányász	[ba:nja:s]

gas (het)	gáz	[ga:z]
gasleiding (de)	gázvezeték	[ga:zvɛzɛte:k]
olie (aardolie)	nyersolaj	[ɲɛrʃolɒj]
olioloiding (do)	olajvezeték	[olɒjvɛzɛtə:k]

oliebron (de)	olajkút	[olɒjku:t]
boortoren (de)	fúrótorony	[fu:ro:torɒɲ]
tanker (de)	tartályhajó	[tɒrta:jhɒjo:]

zand (het)	homok	[homok]
kalksteen (de)	mészkő	[me:skø:]
grind (het)	kavics	[kɒvitʃ]
veen (het)	tőzeg	[tø:zɛg]
klei (de)	agyag	[ɒɟɒg]
steenkool (de)	szén	[se:n]

ijzer (het)	vas	[vɒʃ]
goud (het)	arany	[ɒrɒɲ]
zilver (het)	ezüst	[ɛzyʃt]
nikkel (het)	nikkel	[nikkɛl]
koper (het)	réz	[re:z]

zink (het)	horgany	[horgɒɲ]
mangaan (het)	mangán	[mɒŋga:n]
kwik (het)	higany	[higɒɲ]
lood (het)	ólom	[o:lom]

mineraal (het)	ásvány	[a:ʃva:ɲ]
kristal (het)	kristály	[kriʃta:j]
marmer (het)	márvány	[ma:rva:ɲ]
uraan (het)	uránium	[ura:nium]

85. Weer

weer (het)	időjárás	[idø:ja:ra:ʃ]
weersvoorspelling (de)	időjárásjelentés	[idø:ja:ra:ʃjɛlɛnte:ʃ]
temperatuur (de)	hőmérséklet	[hø:me:rʃe:klɛt]
thermometer (de)	hőmérő	[hø:me:rø:]
barometer (de)	légsúlymérő	[le:gʃu:jme:rø:]

vochtigheid (de)	nedvesség	[nɛdvɛʃe:g]
hitte (de)	hőség	[hø:ʃe:g]
heet (bn)	forró	[forro:]
het is heet	hőség van	[hø:ʃe:g vɒn]

het is warm	meleg van	[mɛlɛg vɒn]
warm (bn)	meleg	[mɛlɛg]

het is koud	hideg van	[hidɛg vɒn]
koud (bn)	hideg	[hidɛg]

zon (de)	nap	[nɒp]
schijnen (de zon)	süt	[ʃyt]
zonnig (~e dag)	napos	[nɒpoʃ]
opgaan (ov. de zon)	felkel	[fɛlkɛl]
ondergaan (ww)	lemegy	[lɛmɛɟ]

wolk (de)	felhő	[fɛlhø:]
bewolkt (bn)	felhős	[fɛlhø:ʃ]

| regenwolk (de) | esőfelhő | [ɛʃøːfɛlhøː] |
| somber (bn) | borús | [boruːʃ] |

regen (de)	eső	[ɛʃøː]
het regent	esik az eső	[ɛʃik ɒz ɛʃøː]
regenachtig (bn)	esős	[ɛʃøːʃ]
motregenen (ww)	szemerkél	[sɛmɛrkeːl]

plensbui (de)	zápor	[zaːpor]
stortbui (de)	zápor	[zaːpor]
hard (bn)	erős	[ɛrøːʃ]
plas (de)	tócsa	[toːt͡ʃɒ]
nat worden (ww)	ázik	[aːzik]

mist (de)	köd	[kød]
mistig (bn)	ködös	[kødøʃ]
sneeuw (de)	hó	[hoː]
het sneeuwt	havazik	[hɒvɒzik]

86. Zwaar weer. Natuurrampen

noodweer (storm)	zivatar	[zivɒtɒr]
bliksem (de)	villám	[villaːm]
flitsen (ww)	villámlik	[villaːmlik]

donder (de)	mennydörgés	[mɛɲɲdørgeːʃ]
donderen (ww)	dörög	[dørøg]
het dondert	mennydörög	[mɛɲɲdørøg]

| hagel (de) | jégeső | [jeːgɛʃøː] |
| het hagelt | jég esik | [jeːg ɛʃik] |

| overstromen (ww) | elárad | [ɛlaːrɒd] |
| overstroming (de) | árvíz | [aːrviːz] |

aardbeving (de)	földrengés	[føldrɛŋgeːʃ]
aardschok (de)	lökés	[løkeːʃ]
epicentrum (het)	epicentrum	[ɛpitsɛntrum]

| uitbarsting (de) | kitörés | [kitøreːʃ] |
| lava (de) | láva | [laːvɒ] |

wervelwind (de)	forgószél	[forgoːseːl]
windhoos (de)	tornádó	[tornaːdoː]
tyfoon (de)	tájfun	[taːjfun]

orkaan (de)	orkán	[orkaːn]
storm (de)	vihar	[vihɒr]
tsunami (de)	szökőár	[søkøːaːr]

cycloon (de)	ciklon	[tsiklon]
onweer (het)	rossz idő	[ross idøː]
brand (de)	tűz	[tyːz]
ramp (de)	katasztrófa	[kɒtɒstroːfɒ]

meteoriet (de)	**meteorit**	[mɛtɛorit]
lawine (de)	**lavina**	[lɒvinɒ]
sneeuwverschuiving (de)	**hógörgeteg**	[hoːgørgɛtɛg]
sneeuwjacht (de)	**hóvihar**	[hoːvihɒr]
sneeuwstorm (de)	**hóvihar**	[hoːvihɒr]

FAUNA

87. Zoogdieren. Roofdieren

roofdier (het)	ragadozó állat	[rɒgɒdozo: a:llɒt]
tijger (de)	tigris	[tigriʃ]
leeuw (de)	oroszlán	[orosla:n]
wolf (de)	farkas	[fɒrkɒʃ]
vos (de)	róka	[ro:kɒ]
jaguar (de)	jaguár	[jɒgua:r]
luipaard (de)	leopárd	[lɛopa:rd]
jachtluipaard (de)	gepárd	[gɛpa:rd]
panter (de)	párduc	[pa:rduts]
poema (de)	puma	[pumɒ]
sneeuwluipaard (de)	hópárduc	[ho:pa:rduts]
lynx (de)	hiúz	[hiu:z]
coyote (de)	prérifarkas	[pre:rifɒrkɒʃ]
jakhals (de)	sakál	[ʃɒka:l]
hyena (de)	hiéna	[hie:nɒ]

88. Wilde dieren

dier (het)	állat	[a:llɒt]
beest (het)	vadállat	[vɒda:llɒt]
eekhoorn (de)	mókus	[mo:kuʃ]
egel (de)	sündisznó	[ʃyndisno:]
haas (de)	nyúl	[ɲu:l]
konijn (het)	nyúl	[ɲu:l]
das (de)	borz	[borz]
wasbeer (de)	mosómedve	[moʃo:mɛdvɛ]
hamster (de)	hörcsög	[hørʧøg]
marmot (de)	mormota	[mormotɒ]
mol (de)	vakond	[vɒkond]
muis (de)	egér	[ɛge:r]
rat (de)	patkány	[pɒtka:ɲ]
vleermuis (de)	denevér	[dɛnɛve:r]
hermelijn (de)	hermelin	[hɛrmɛlin]
sabeldier (het)	coboly	[tsoboj]
marter (de)	nyuszt	[ɲust]
wezel (de)	menyét	[mɛɲe:t]
nerts (de)	nyérc	[ɲe:rts]

bever (de)	hódprém	[ho:dpre:m]
otter (de)	vidra	[vidrɒ]
paard (het)	ló	[lo:]
eland (de)	jávorszarvas	[ja:vorsɒrvɒʃ]
hert (het)	szarvas	[sɒrvɒʃ]
kameel (de)	teve	[tɛvɛ]
bizon (de)	bölény	[bøle:ɲ]
wisent (de)	európai bölény	[ɛuro:pɒj bøle:ɲ]
buffel (de)	bivaly	[bivɒj]
zebra (de)	zebra	[zɛbrɒ]
antilope (de)	antilop	[ɒntilop]
ree (de)	őz	[ø:z]
damhert (het)	dámszarvas	[da:msɒrvɒʃ]
gems (de)	zerge	[zɛrgɛ]
everzwijn (het)	vaddisznó	[vɒddisno:]
walvis (de)	bálna	[ba:lnɒ]
rob (de)	fóka	[fo:kɒ]
walrus (de)	rozmár	[rozma:r]
zeebeer (de)	medvefóka	[mɛdvɛfo:kɒ]
dolfijn (de)	delfin	[dɛlfin]
beer (de)	medve	[mɛdvɛ]
ijsbeer (de)	jegesmedve	[jɛgɛʃmɛdvɛ]
panda (de)	panda	[pɒndɒ]
aap (de)	majom	[mɒjom]
chimpansee (de)	csimpánz	[tʃimpa:nz]
orang-oetan (de)	orangután	[orɒŋguta:n]
gorilla (de)	gorilla	[gorillɒ]
makaak (de)	makákó	[mɒka:ko:]
gibbon (de)	gibbon	[gibbon]
olifant (de)	elefánt	[ɛlɛfa:nt]
neushoorn (de)	orrszarvú	[orrsɒrvu:]
giraffe (de)	zsiráf	[ʒira:f]
nijlpaard (het)	víziló	[vi:zilo:]
kangoeroe (de)	kenguru	[kɛŋguru]
koala (de)	koala	[koɒlɒ]
mangoest (de)	mongúz	[moŋgu:z]
chinchilla (de)	csincsilla	[tʃintʃillɒ]
stinkdier (het)	bűzös borz	[by:zøʃ borz]
stekelvarken (het)	tarajos sül	[tɒrɒjoʃ ʃyl]

89. Huisdieren

poes (de)	macska	[mɒtʃkɒ]
kater (de)	kandúr	[kɒndu:r]
paard (het)	ló	[lo:]

hengst (de)	mén	[me:n]
merrie (de)	kanca	[kɒntsɒ]
koe (de)	tehén	[tɛhe:n]
bul, stier (de)	bika	[bikɒ]
os (de)	ökör	[økør]
schaap (het)	juh	[juh]
ram (de)	kos	[koʃ]
geit (de)	kecske	[kɛtʃkɛ]
bok (de)	bakkecske	[bɒkkɛtʃkɛ]
ezel (de)	szamár	[sɒma:r]
muilezel (de)	öszvér	[øsve:r]
varken (het)	disznó	[disno:]
biggetje (het)	malac	[mɒlɒts]
konijn (het)	nyúl	[ɲu:l]
kip (de)	tyúk	[cu:k]
haan (de)	kakas	[kɒkɒʃ]
eend (de)	kacsa	[kɒtʃɒ]
woerd (de)	gácsér	[ga:tʃe:r]
gans (de)	liba	[libɒ]
kalkoen haan (de)	pulykakakas	[pujkɒkɒkɒʃ]
kalkoen (de)	pulyka	[pujkɒ]
huisdieren (mv)	háziállatok	[ha:zi a:llɒtok]
tam (bijv. hamster)	szelíd	[sɛli:d]
temmen (tam maken)	megszelídít	[mɛgsɛli:di:t]
fokken (bijv. paarden ~)	tenyészt	[tɛne:st]
boerderij (de)	telep	[tɛlɛp]
gevogelte (het)	baromfi	[bɒromfi]
rundvee (het)	jószág	[jo:sa:g]
kudde (de)	nyáj	[nja:j]
paardenstal (de)	istálló	[iʃta:llo:]
zwijnenstal (de)	disznóól	[disno:o:l]
koeienstal (de)	tehénistálló	[tɛhe:niʃta:llo:]
konijnenhok (het)	nyúlketrec	[ɲu:lkɛtrɛts]
kippenhok (het)	tyúkól	[cu:ko:l]

90. Vogels

vogel (de)	madár	[mɒda:r]
duif (de)	galamb	[gɒlɒmb]
mus (de)	veréb	[vɛre:b]
koolmees (de)	cinke	[tsiŋkɛ]
ekster (de)	szarka	[sɒrkɒ]
raaf (de)	holló	[hollo:]
kraal (de)	varjú	[vɒrjɪ]

89

| kauw (de) | csóka | [ʧoːkɒ] |
| roek (de) | vetési varjú | [vɛteːʃi vɒrjuː] |

eend (de)	kacsa	[kɒʧɒ]
gans (de)	liba	[libɒ]
fazant (de)	fácán	[faːtsaːn]

arend (de)	sas	[ʃɒʃ]
havik (de)	héja	[heːjɒ]
valk (de)	sólyom	[ʃoːjom]
gier (de)	griff	[griff]
condor (de)	kondor	[kondor]

zwaan (de)	hattyú	[hɒcːuː]
kraanvogel (de)	daru	[dɒru]
ooievaar (de)	gólya	[goːjɒ]

papegaai (de)	papagáj	[pɒpɒgaːj]
kolibrie (de)	kolibri	[kolibri]
pauw (de)	páva	[paːvɒ]

struisvogel (de)	strucc	[ʃtruts]
reiger (de)	kócsag	[koːʧɒg]
flamingo (de)	flamingó	[flɒmiŋgoː]
pelikaan (de)	pelikán	[pɛlikaːn]

| nachtegaal (de) | fülemüle | [fylɛmylɛ] |
| zwaluw (de) | fecske | [fɛʧkɛ] |

lijster (de)	rigó	[rigoː]
zanglijster (de)	énekes rigó	[eːnɛkɛʃ rigoː]
merel (de)	fekete rigó	[fɛkɛtɛ rigoː]

gierzwaluw (de)	sarlós fecske	[ʃɒrloːʃ fɛʧkɛ]
leeuwerik (de)	pacsirta	[pɒʧirtɒ]
kwartel (de)	fürj	[fyrj]

specht (de)	harkály	[hɒrkaːj]
koekoek (de)	kakukk	[kɒkukk]
uil (de)	bagoly	[bɒgoj]
oehoe (de)	fülesbagoly	[fylɛʃbɒgoj]
auerhoen (het)	süketfajd	[ʃykɛtfɒjd]

| korhoen (het) | nyírfajd | [ɲiːrfɒjd] |
| patrijs (de) | fogoly | [fogoj] |

spreeuw (de)	seregély	[ʃɛrɛgeːj]
kanarie (de)	kanári	[kɒnaːri]
hazelhoen (het)	császármadár	[ʧaːsaːrmɒdaːr]

| vink (de) | erdei pinty | [ɛrdɛi piɲc] |
| goudvink (de) | pirók | [piroːk] |

meeuw (de)	sirály	[ʃiraːj]
albatros (de)	albatrosz	[ɒlbɒtros]
pinguïn (de)	pingvin	[piŋgvin]

91. Vis. Zeedieren

brasem (de)	dévérkeszeg	[de:ve:rkɛsɛg]
karper (de)	ponty	[poɲc]
baars (de)	folyami sügér	[foɪɒmi ʃyge:r]
meerval (de)	harcsa	[hɒrʧɒ]
snoek (de)	csuka	[ʧukɒ]
zalm (de)	lazac	[lɒzɒts]
steur (de)	tokhal	[tokhɒl]
haring (de)	hering	[hɛriŋg]
atlantische zalm (de)	lazac	[lɒzɒts]
makreel (de)	makréla	[mɒkre:lɒ]
platvis (de)	lepényhal	[lɛpe:ɲhɒl]
snoekbaars (de)	fogas	[fogɒʃ]
kabeljauw (de)	tőkehal	[tø:kɛhɒl]
tonijn (de)	tonhal	[tonhɒl]
forel (de)	pisztráng	[pistra:ŋg]
paling (de)	angolna	[ɒŋgolnɒ]
sidderrog (de)	villamos rája	[villɒmoʃ ra:jɒ]
murene (de)	muréna	[mure:nɒ]
piranha (de)	pirája	[pira:jɒ]
haai (de)	cápa	[tsa:pɒ]
dolfijn (de)	delfin	[dɛlfin]
walvis (de)	bálna	[ba:lnɒ]
krab (de)	tarisznyarák	[tɒrisɲɒra:k]
kwal (de)	medúza	[mɛdu:zɒ]
octopus (de)	nyolckarú polip	[ɲoltskɒru: polip]
zeester (de)	tengeri csillag	[tɛŋgɛri ʧillɒg]
zee-egel (de)	tengeri sün	[tɛŋgɛri ʃyn]
zeepaardje (het)	tengeri csikó	[tɛŋgɛri ʧiko:]
oester (de)	osztriga	[ostrigɒ]
garnaal (de)	garnélarák	[gɒrne:lɒra:k]
kreeft (de)	homár	[homa:r]
langoest (de)	languszta	[lɒŋgustɒ]

92. Amfibieën. Reptielen

slang (de)	kígyó	[ki:ɟø:]
giftig (slang)	mérges	[me:rgɛʃ]
adder (de)	vipera	[vipɛrɒ]
cobra (de)	kobra	[kobrɒ]
python (de)	piton	[piton]
boa (de)	boa	[boɒ]
ringslang (de)	sikló	[ʃiklo:]

| ratelslang (de) | csörgőkígyó | [ʧørgø:kiɟø:] |
| anaconda (de) | anakonda | [ɒnɒkondɒ] |

hagedis (de)	gyík	[ɟi:k]
leguaan (de)	leguán	[lɛgua:n]
varaan (de)	varánusz	[vɒra:nus]
salamander (de)	szalamandra	[sɒlɒmɒndrɒ]
kameleon (de)	kaméleon	[kɒme:lɛon]
schorpioen (de)	skorpió	[ʃkorpio:]

schildpad (de)	teknősbéka	[tɛknø:ʃbe:kɒ]
kikker (de)	béka	[be:kɒ]
pad (de)	varangy	[vɒrɒɲɟ]
krokodil (de)	krokodil	[krokodil]

93. Insecten

insect (het)	rovar	[rovɒr]
vlinder (de)	lepke	[lɛpkɛ]
mier (de)	hangya	[hɒɲɒ]
vlieg (de)	légy	[le:ɟ]
mug (de)	szúnyog	[su:nøg]
kever (de)	bogár	[boga:r]

wesp (de)	darázs	[dɒra:ʒ]
bij (de)	méh	[me:h]
hommel (de)	poszméh	[posme:h]
horzel (de)	bögöly	[bøgøj]

| spin (de) | pók | [po:k] |
| spinnenweb (het) | pókháló | [po:kha:lo:] |

libel (de)	szitakötő	[sitɒkøtø:]
sprinkhaan (de)	tücsök	[tyʧøk]
nachtvlinder (de)	pillangó	[pillɒŋgo:]

kakkerlak (de)	svábbogár	[ʃva:bboga:r]
teek (de)	kullancs	[kullonʧ]
vlo (de)	bolha	[bolhɒ]
kriebelmug (de)	muslica	[muʃlitsɒ]

treksprinkhaan (de)	sáska	[ʃa:ʃkɒ]
slak (de)	csiga	[ʧigɒ]
krekel (de)	tücsök	[tyʧøk]
glimworm (de)	szentjánosbogár	[sɛntja:noʃboga:r]
lieveheersbeestje (het)	katicabogár	[kɒtitsɒboga:r]
meikever (de)	cserebogár	[ʧɛrɛboga:r]

bloedzuiger (de)	pióca	[pio:tsɒ]
rups (de)	hernyó	[hɛrnø:]
aardworm (de)	kukac	[kukɒts]
larve (de)	lárva	[la:rvɒ]

FLORA

94. Bomen

boom (de)	fa	[fɒ]
loof- (abn)	lombos	[lomboʃ]
dennen- (abn)	tűlevelű	[tyːlɛvɛlyː]
groenblijvend (bn)	örökzöld	[ørøgzøld]
appelboom (de)	almafa	[ɒlmɒfɒ]
perenboom (de)	körte	[kørtɛ]
zoete kers (de)	cseresznyefa	[ʧɛrɛsnɛfɒ]
zure kers (de)	meggyfa	[mɛdɟfɒ]
pruimelaar (de)	szilvafa	[silvɒfɒ]
berk (de)	nyírfa	[ɲiːrfɒ]
eik (de)	tölgy	[tølɟ]
linde (de)	hársfa	[haːrʃfɒ]
esp (de)	rezgő nyár	[rɛzgøː ɲaːr]
esdoorn (de)	jávorfa	[jaːvorfɒ]
spar (de)	lucfenyő	[lutsfɛɲøː]
den (de)	erdei fenyő	[ɛrdɛi fɛɲøː]
lariks (de)	vörösfenyő	[vørøʃfɛɲøː]
zilverspar (de)	jegenyefenyő	[jɛgɛnɛfɛɲøː]
ceder (de)	cédrus	[tseːdruʃ]
populier (de)	nyárfa	[ɲaːrfɒ]
lijsterbes (de)	berkenye	[bɛrkɛnɛ]
wilg (de)	fűzfa	[fyːzfɒ]
els (de)	égerfa	[eːgeːrfɒ]
beuk (de)	bükkfa	[bykkfɒ]
iep (de)	szilfa	[silfɒ]
es (de)	kőrisfa	[køːriʃfɒ]
kastanje (de)	gesztenye	[gɛstɛnɛ]
magnolia (de)	magnólia	[mɒgnoːliɒ]
palm (de)	pálma	[paːlmɒ]
cipres (de)	ciprusfa	[tsipruʃfɒ]
mangrove (de)	mangrove	[mɒŋgrov]
baobab (apenbroodboom)	Majomkenyérfa	[mɒjomkɛneːrfɒ]
eucalyptus (de)	eukaliptusz	[ɛukɒliptus]
mammoetboom (de)	mamutfenyő	[mɒmutfɛɲøː]

95. Heesters

struik (de)	bokor	[bokor]
heester (de)	cserje	[ʧɛrjɛ]

| wijnstok (de) | szőlő | [sø:lø:] |
| wijngaard (de) | szőlőskert | [sø:lø:ʃkɛrt] |

frambozenstruik (de)	málna	[ma:lnɒ]
rode bessenstruik (de)	ribizli	[ribizli]
kruisbessenstruik (de)	egres	[ɛgrɛʃ]
acacia (de)	akácfa	[ɒka:tsfɒ]
zuurbes (de)	sóskaborbolya	[ʃo:ʃkɒ borbojɒ]
jasmijn (de)	jázmin	[ja:zmin]

jeneverbes (de)	boróka	[boro:kɒ]
rozenstruik (de)	rózsabokor	[ro:ʒɒ bokor]
hondsroos (de)	vadrózsa	[vɒdro:ʒɒ]

96. Vruchten. Bessen

appel (de)	alma	[ɒlmɒ]
peer (de)	körte	[kørtɛ]
pruim (de)	szilva	[silvɒ]
aardbei (de)	eper	[ɛpɛr]
zure kers (de)	meggy	[mɛdj]
zoete kers (de)	cseresznye	[ʧɛrɛsnɛ]
druif (de)	szőlő	[sø:lø:]

framboos (de)	málna	[ma:lnɒ]
zwarte bes (de)	feketeribizli	[fɛkɛtɛ ribizli]
rode bes (de)	pirosribizli	[piroʃribizli]
kruisbes (de)	egres	[ɛgrɛʃ]
veenbes (de)	áfonya	[a:fojɒ]

sinaasappel (de)	narancs	[nɒrɒnʧ]
mandarijn (de)	mandarin	[mɒndɒrin]
ananas (de)	ananász	[ɒnɒna:s]
banaan (de)	banán	[bɒna:n]
dadel (de)	datolya	[dɒtojɒ]

citroen (de)	citrom	[tsitrom]
abrikoos (de)	sárgabarack	[ʃa:rgɒbɒrɒtsk]
perzik (de)	őszibarack	[ø:sibɒrɒtsk]
kiwi (de)	kivi	[kivi]
grapefruit (de)	citrancs	[tsitrɒnʧ]

bes (de)	bogyó	[bojø:]
bessen (mv.)	bogyók	[bojø:k]
vossenbes (de)	vörös áfonya	[vørøʃ a:fojɒ]
bosaardbei (de)	szamóca	[sɒmo:tsɒ]
blauwe bosbes (de)	fekete áfonya	[fɛkɛtɛ a:fojɒ]

97. Bloemen. Planten

| bloem (de) | virág | [vira:g] |
| boeket (het) | csokor | [ʧokor] |

roos (de)	rózsa	[ro:ʒɒ]
tulp (de)	tulipán	[tulipa:n]
anjer (de)	szegfű	[sɛgfy:]
gladiool (de)	gladiólusz	[glɒdio:lus]

korenbloem (de)	búzavirág	[bu:zɒvira:g]
klokje (het)	harangvirág	[hɒrɒŋgvira:g]
paardenbloem (de)	pitypang	[picpɒŋg]
kamille (de)	kamilla	[kɒmillɒ]

aloë (de)	aloé	[ɒloe:]
cactus (de)	kaktusz	[kɒktus]
ficus (de)	gumifa	[gumifɒ]

lelie (de)	liliom	[liliom]
geranium (de)	muskátli	[muʃka:tli]
hyacint (de)	jácint	[ja:tsint]

mimosa (de)	mimóza	[mimo:zɒ]
narcis (de)	nárcisz	[na:rtsis]
Oost-Indische kers (de)	sarkantyúvirág	[ʃɒrkɒɲcu:vira:g]

orchidee (de)	orchidea	[orhidɛɒ]
pioenroos (de)	pünkösdi rózsa	[pyŋkøʃdi ro:ʒɒ]
viooltje (het)	ibolya	[ibojɒ]

driekleurig viooltje (het)	árvácska	[a:rva:rtʃkɒ]
vergeet-mij-nietje (het)	nefelejcs	[nɛfɛlɛjtʃ]
madeliefje (het)	százszorszép	[sa:zsorse:p]

papaver (de)	mák	[ma:k]
hennep (de)	kender	[kɛndɛr]
munt (de)	menta	[mɛntɒ]

lelietje-van-dalen (het)	gyöngyvirág	[døɲɟvira:g]
sneeuwklokje (het)	hóvirág	[ho:vira:g]

brandnetel (de)	csalán	[tʃɒla:n]
veldzuring (de)	sóska	[ʃo:ʃkɒ]
waterlelie (de)	tündérrózsa	[tynde:rro:ʒɒ]
varen (de)	páfrány	[pa:fra:ɲ]
korstmos (het)	sömör	[ʃømør]

oranjerie (de)	melegház	[mɛlɛkha:z]
gazon (het)	gyep	[ɟɛp]
bloemperk (het)	virágágy	[vira:ga:ɟ]

plant (de)	növény	[nøve:ɲ]
gras (het)	fű	[fy:]
grasspriet (de)	fűszál	[fy:sa:l]

blad (het)	levél	[lɛve:l]
bloemblad (het)	szirom	[sirom]
stengel (de)	szár	[sa:r]
knol (de)	gumó	[gumo:]
scheut (de)	hajtás	[hɒjta:ʃ]

doorn (de)	tüske	[tyʃkɛ]
bloeien (ww)	virágzik	[vira:gzik]
verwelken (ww)	elhervad	[ɛlhɛrvɒd]
geur (de)	illat	[illɒt]
snijden (bijv. bloemen ~)	lemetsz	[lɛmɛts]
plukken (bloemen ~)	leszakít	[lɛsɒki:t]

98. Granen, graankorrels

graan (het)	gabona	[gɒbonɒ]
graangewassen (mv.)	gabonanövény	[gɒbonɒnøve:ɲ]
aar (de)	kalász	[kɒla:s]

tarwe (de)	búza	[bu:zɒ]
rogge (de)	rozs	[roʒ]
haver (de)	zab	[zɒb]
gierst (de)	köles	[kølɛʃ]
gerst (de)	árpa	[a:rpɒ]

maïs (de)	kukorica	[kukoritsɒ]
rijst (de)	rizs	[riʒ]
boekweit (de)	hajdina	[hɒjdinɒ]

erwt (de)	borsó	[borʃo:]
nierboon (de)	bab	[bɒb]
soja (de)	szója	[so:jɒ]
linze (de)	lencse	[lɛntʃɛ]
bonen (mv.)	bab	[bɒb]

LANDEN VAN DE WERELD

99. Landen. Deel 1

Afghanistan (het)	Afganisztán	[ɒfgɒnista:n]
Albanië (het)	Albánia	[ɒlba:niɒ]
Argentinië (het)	Argentína	[ɒrgɛnti:nɒ]
Armenië (het)	Örményország	[ørme:ɲorsa:g]
Australië (het)	Ausztrália	[ɒustra:liɒ]
Azerbeidzjan (het)	Azerbajdzsán	[ɒzɛrbɒjdʒa:n]

Bahama's (mv.)	Bahamaszigetek	[bɒhɒmɒsigɛtɛk]
Bangladesh (het)	Banglades	[bɒŋglɒdɛʃ]
België (het)	Belgium	[bɛlgium]
Bolivia (het)	Bolívia	[boli:viɒ]
Bosnië en Herzegovina (het)	Bosznia és Hercegovina	[bosniɒ e:ʃ hɛntsɛgovinɒ]
Brazilië (het)	Brazília	[brɒzi:liɒ]
Bulgarije (het)	Bulgária	[bulga:riɒ]

Cambodja (het)	Kambodzsa	[kɒmbodʒɒ]
Canada (het)	Kanada	[kɒnɒdɒ]
Chili (het)	Chile	[tʃilɛ]
China (het)	Kína	[ki:nɒ]
Colombia (het)	Kolumbia	[kolumbiɒ]
Cuba (het)	Kuba	[kubɒ]
Cyprus (het)	Ciprus	[tsipruʃ]

Denemarken (het)	Dánia	[da:niɒ]
Dominicaanse Republiek (de)	Dominikánus Köztársaság	[dominika:nuʃ køsta:rʃɒʃa:g]
Duitsland (het)	Németország	[ne:mɛtorsa:g]
Ecuador (het)	Ecuador	[ɛkuɒdor]
Egypte (het)	Egyiptom	[ɛɟiptom]
Engeland (het)	Anglia	[ɒŋgliɒ]

Estland (het)	Észtország	[e:storsa:g]
Finland (het)	Finnország	[finnorsa:g]
Frankrijk (het)	Franciaország	[frɒntsiɒorsa:g]
Frans-Polynesië	Francia Polinézia	[frɒntsiɒ poline:ziɒ]
Georgië (het)	Grúzia	[gru:ziɒ]
Ghana (het)	Ghána	[ga:nɒ]

Griekenland (het)	Görögország	[gørøgorsa:g]
Groot-Brittannië (het)	NagyBritannia	[nɒɟbritɒniɒ]
Haïti (het)	Haiti	[hɒiti]
Hongarije (het)	Magyarország	[mɒɟororsa:g]
Ierland (het)	Írország	[i:rorsa:g]
IJsland (het)	Izland	[izlɒnd]
India (het)	India	[indiɒ]
Indonesië (het)	Indonézia	[indone:ziɒ]

Irak (het)	Irak	[irɒk]
Iran (het)	Irán	[ira:n]
Israël (het)	Izrael	[izrɒɛl]
Italië (het)	Olaszország	[olɒsorsa:g]

100. Landen. Deel 2

Jamaica (het)	Jamaica	[jamɒjkɒ]
Japan (het)	Japán	[jopa:n]
Jordanië (het)	Jordánia	[jorda:niɒ]
Kazakstan (het)	Kazahsztán	[kɒzɒhsta:n]
Kenia (het)	Kenya	[kɛɲɒ]
Kirgizië (het)	Kirgizisztán	[kirgizista:n]
Koeweit (het)	Kuvait	[kuvɛjt]

Kroatië (het)	Horvátország	[horva:torsa:g]
Laos (het)	Laosz	[lɒos]
Letland (het)	Lettország	[lɛttorsa:g]
Libanon (het)	Libanon	[libɒnon]
Libië (het)	Líbia	[li:biɒ]
Liechtenstein (het)	Liechtenstein	[lihtɛnʃtojn]
Litouwen (het)	Litvánia	[litva:niɒ]

Luxemburg (het)	Luxemburg	[luksɛmburg]
Macedonië (het)	Macedónia	[mɒtsɛdo:niɒ]
Madagaskar (het)	Madagaszkár	[mɒdɒgɒska:r]
Maleisië (het)	Malajzia	[mɒlɒjziɒ]
Malta (het)	Málta	[ma:ltɒ]
Marokko (het)	Marokkó	[mɒrokko:]
Mexico (het)	Mexikó	[mɛksiko:]

Moldavië (het)	Moldova	[moldovɒ]
Monaco (het)	Monaco	[monɒko]
Mongolië (het)	Mongólia	[moŋgo:liɒ]
Montenegro (het)	Montenegró	[montɛnɛgro:]
Myanmar (het)	Mianmar	[miɒnmɒr]
Namibië (het)	Namíbia	[nɒmi:biɒ]
Nederland (het)	Németalföld	[ne:mɛtɒlføld]

Nepal (het)	Nepál	[nɛpa:l]
Nieuw-Zeeland (het)	ÚjZéland	[u:jze:lɒnd]
Noord-Korea (het)	ÉszakKorea	[e:sɒkkorɛɒ]
Noorwegen (het)	Norvégia	[norve:giɒ]
Oekraïne (het)	Ukrajna	[ukrɒjnɒ]
Oezbekistan (het)	Üzbegisztán	[yzbɛgista:n]
Oostenrijk (het)	Ausztria	[ɒustriɒ]

101. Landen. Deel 3

Pakistan (het)	Pakisztán	[pɒkista:n]
Palestijnse autonomie (de)	Palesztína	[pɒlɛstinɒ]
Panama (het)	Panama	[pɒnɒmɒ]

Paraguay (het)	Paraguay	[pɔrɔguɒj]
Peru (het)	Peru	[pɛru]
Polen (het)	Lengyelország	[lɛɲɉɛlorsaːg]
Portugal (het)	Portugália	[portugaːliɒ]
Roemenië (het)	Románia	[romaːniɒ]
Rusland (het)	Oroszország	[orosorsaːg]
Saoedi-Arabië (het)	SzaúdArábia	[sɒuːdɒraːbiɒ]
Schotland (het)	Skócia	[ʃkoːtsiɒ]
Senegal (het)	Szenegál	[sɛnɛgaːl]
Servië (het)	Szerbia	[sɛrbiɒ]
Slovenië (het)	Szlovénia	[sloveːniɒ]
Slowakije (het)	Szlovákia	[slovaːkiɒ]
Spanje (het)	Spanyolország	[ʃpɒɲolorsaːg]
Suriname (het)	Suriname	[surinɒm]
Syrië (het)	Szíria	[siːriɒ]
Tadzjikistan (het)	Tádzsikisztán	[taːdʒikistaːn]
Taiwan (het)	Tajvan	[tɒjvɒn]
Tanzania (het)	Tanzánia	[tɒnzaːniɒ]
Tasmanië (het)	Tasmánia	[tɒsmaːniɒ]
Thailand (het)	Thaiföld	[tɒjføld]
Tsjechië (het)	Csehország	[tʃɛorsaːg]
Tunesië (het)	Tunisz	[tunis]
Turkije (het)	Törökország	[tørøkorsaːg]
Turkmenistan (het)	Türkmenisztán	[tyrkmɛnistaːn]
Uruguay (het)	Uruguay	[uruguɒj]
Vaticaanstad (de)	Vatikán	[vɒtikaːn]
Venezuela (het)	Venezuela	[vɛnɛzuɛlɒ]
Verenigde Arabische Emiraten	Egyesült Arab Köztársaság	[ɛɟɛʃylt ɒrɒb køztaːrʃɒʃaːg]
Verenigde Staten van Amerika	Amerikai Egyesült Államok	[ɒmɛrikɒi ɛɟɛʃylt aːllɒmok]
Vietnam (het)	Vietnam	[viɛtnɒm]
Wit-Rusland (het)	Fehéroroszország	[fɛheːrorosorsaːg]
Zanzibar (het)	Zanzibár	[zɒnzibaːr]
Zuid-Afrika (het)	DélAfrikai Köztársaság	[deːlɒfrikɒi køstaːrʃɒʃaːg]
Zuid-Korea (het)	DélKorea	[deːlkorɛɒ]
Zweden (het)	Svédország	[ʃveːdorsaːg]
Zwitserland (het)	Svájc	[ʃvaːjts]